海上絲綢之路基本文獻叢書

南洋史綱要兩篇

李長傅 編著

文物出版社

圖書在版編目（CIP）數據

南洋史綱要兩篇 / 李長傅編著． -- 北京 : 文物出版社，2022.7
（海上絲綢之路基本文獻叢書）
ISBN 978-7-5010-7679-6

Ⅰ．①南… Ⅱ．①李… Ⅲ．①南洋－歷史－史料 Ⅳ．①K330.5

中國版本圖書館 CIP 數據核字（2022）第 097841 號

海上絲綢之路基本文獻叢書
南洋史綱要兩篇

編　　者：李長傅
策　　劃：盛世博閱（北京）文化有限責任公司

封面設計：鞏榮彪
責任編輯：劉永海
責任印製：張　麗

出版發行：文物出版社
社　　址：北京市東城區東直門内北小街 2 號樓
郵　　編：100007
網　　址：http://www.wenwu.com
經　　銷：新華書店
印　　刷：北京旺都印務有限公司
開　　本：787mm×1092mm　1/16
印　　張：13.125
版　　次：2022 年 7 月第 1 版
印　　次：2022 年 7 月第 1 次印刷
書　　號：ISBN 978-7-5010-7679-6
定　　價：98.00 圓

總緒

海上絲綢之路，一般意義上是指從秦漢至鴉片戰争前中國與世界進行政治、經濟、文化交流的海上通道，主要分爲經由黄海、東海的海路最終抵達日本列島及朝鮮半島的東海航綫和以徐聞、合浦、廣州、泉州爲起點通往東南亞及印度洋地區的南海航綫。

在中國古代文獻中，最早、最詳細記載『海上絲綢之路』航綫的是東漢班固的《漢書·地理志》，詳細記載了西漢黄門譯長率領應募者入海『齎黄金雜繒而往』之事，書中所出現的地理記載與東南亞地區相關，并與實際的地理狀況基本相符。

東漢後，中國進入魏晉南北朝長達三百多年的分裂割據時期，絲路上的交往也走向低谷。這一時期的絲路交往，以法顯的西行最爲著名。法顯作爲從陸路西行到印度，再由海路回國的第一人，根據親身經歷所寫的《佛國記》（又稱《法顯傳》）一書，詳細介紹了古代中亞和印度、巴基斯坦、斯里蘭卡等地的歷史及風土人情，是瞭解和研究海陸絲綢之路的珍貴歷史資料。

隨着隋唐的統一，中國經濟重心的南移，中國與西方交通以海路爲主，海上絲綢之路進入大發展時期。廣州成爲唐朝最大的海外貿易中心，朝廷設立市舶司，專門管理海外貿易。唐代著名的地理學家賈耽（七三〇～八〇五年）的《皇華四達記》記載了從廣州通往阿拉伯地區的海上交通『廣州通夷道』，詳述了從廣州港出發，經越南、馬來半島、蘇門答臘半島至印度、錫蘭，直至波斯灣沿岸各國的航綫及沿途地區的方位、名稱、島礁、山川、民俗等。譯經大師義净西行求法，將沿途見聞寫成著作《大唐西域求法高僧傳》，詳細記載了海上絲綢之路的發展變化，是我們瞭解絲綢之路不可多得的第一手資料。

宋代的造船技術和航海技術顯著提高，指南針廣泛應用於航海，中國商船的遠航能力大大提升。北宋徐兢的《宣和奉使高麗圖經》詳細記述了船舶製造、海洋地理和往來航綫，是研究宋代海外交通史、中朝友好關係史、中朝經濟文化交流史的重要文獻。南宋趙汝適《諸蕃志》記載，南海有五十三個國家和地區與南宋通商貿易，形成了通往日本、高麗、東南亞、印度、波斯、阿拉伯等地的『海上絲綢之路』。宋代爲了加强商貿往來，於北宋神宗元豐三年（一〇八〇年）頒佈了中國歷史上第一部海洋貿易管理條例《廣州市舶條法》，并稱爲宋代貿易管理的制度範本。

元朝在經濟上採用重商主義政策，鼓勵海外貿易，中國與歐洲的聯繫與交往非常頻繁，其中馬可·波羅、伊本·白圖泰等歐洲旅行家來到中國，留下了大量的旅行記，記録元代海上絲綢之路的盛况。元代的汪大淵兩次出海，撰寫出《島夷志略》一書，記録了二百多個國名和地名，其中不少首次見於中國著録，涉及的地理範圍東至菲律賓群島，西至非洲。這些都反映了元朝時中西經濟文化交流的豐富内容。

明、清政府先後多次實施海禁政策，海上絲綢之路的貿易逐漸衰落。但是從明永樂三年至明宣德八年的二十八年裏，鄭和率船隊七下西洋，先後到達的國家多達三十多個，在進行經貿交流的同時，也極大地促進了中外文化的交流，這些都詳見於《西洋蕃國志》《星槎勝覽》《瀛涯勝覽》等典籍中。

關於海上絲綢之路的文獻記述，除上述官員、學者、求法或傳教高僧以及旅行者的著作外，自《漢書》之後，歷代正史大都列有《地理志》《四夷傳》《西域傳》《外國傳》《蠻夷傳》《屬國傳》等篇章，加上唐宋以來衆多的典制類文獻、地方史志文獻，集中反映了歷代王朝對於周邊部族、政權以及西方世界的認識，都是關於海上絲綢之路的原始史料性文獻。

海上絲綢之路概念的形成，經歷了一個演變的過程。十九世紀七十年代德國地理學家費迪南·馮·李希霍芬（Ferdinad Von Richthofen，一八三三～一九〇五），在其《中國：親身旅行和研究成果》第三卷中首次把輸出中國絲綢的東西陸路稱爲『絲綢之路』。有『歐洲漢學泰斗』之稱的法國漢學家沙畹（Édouard Chavannes，一八六五～一九一八），在其一九〇三年著作的《西突厥史料》中提出『絲路有海陸兩道』，蘊涵了海上絲綢之路最初提法。迄今發現最早正式提出『海上絲綢之路』一詞的是日本考古學家三杉隆敏，他在一九六七年出版《中國瓷器之旅：探索海上的絲綢之路》中首次使用『海上絲綢之路』一詞；一九七九年三杉隆敏又出版了《海上絲綢之路》一書，其立意和出發點局限在東西方之間的陶瓷貿易與交流史。

二十世紀八十年代以來，在海外交通史研究中，『海上絲綢之路』一詞逐漸成爲中外學術界廣泛接受的概念。根據姚楠等人研究，饒宗頤先生是華人中最早提出『海上絲綢之路』的人，他的《海道之絲路與昆侖舶》正式提出『海上絲路』的稱謂。選堂先生評價海上絲綢之路是外交、貿易和文化交流作用的通道。此後，大陸學者馮蔚然在一九七八年編寫的《航運史話》中，使用『海上絲綢之路』一詞，這是迄今學界查到的中國大陸最早使用『海上絲綢之路』的人，更多地限於航海活動領域的考察。一九八〇年北京大學陳炎教授提出『海上絲綢之路』研究，并於一九八一年發表《略論海上絲綢之路》一文。他對海上絲綢之路的理解超越以往，且帶有濃厚的愛國主義思想。陳炎教授之後，從事研究海上絲綢之路的學者越來越多，尤其沿海港口城市向聯合國申請海上絲綢之路非物質文化遺産活動，將海上絲綢之路研究推向新高潮。另外，國家把建設『絲綢之路經濟帶』和『二十一世紀海上絲綢之路』作爲對外發展方針，將這一學術課題提升爲國家願景的高度，使海上絲綢之路形成超越學術進入政經層面的熱潮。

與海上絲綢之路學的萬千氣象相對應，海上絲綢之路文獻的整理工作仍顯滯後，遠遠跟不上突飛猛進的研究進展。二〇一八年厦門大學、中山大學等單位聯合發起『海上絲綢之路文獻集成』專案，尚在醞釀當中。我們不揣淺陋，深入調查，廣泛搜集，將有關海上絲綢之路的原始史料文獻和研究文獻，分爲風俗物産、雜史筆記、海防海事、典章檔案等六個類別，彙編成《海上絲綢之路歷史文化叢書》，於二〇二〇年影印出版。此輯面市以來，深受各大圖書館及相關研究者好評。爲讓更多的讀者親近古籍文獻，我們遴選出前編中的菁華，彙編成《海上絲綢之路基本文獻叢書》，以單行本影印出版，以饗讀者，以期爲讀者展現出一幅幅中外經濟文化交流的精美畫卷，爲海上絲綢之路的研究提供歷史借鑒，爲『二十一世紀海上絲綢之路』倡議構想的實踐做好歷史的詮釋和注脚，從而達到『以史爲鑒』『古爲今用』的目的。

凡例

一、本編注重史料的珍稀性，從《海上絲綢之路歷史文化叢書》中遴選出菁華，擬出版百册單行本。

二、本編所選之文獻，其編纂的年代下限至一九四九年。

三、本編排序無嚴格定式，所選之文獻篇幅以二百餘頁爲宜，以便讀者閱讀使用。

四、本編所選文獻，每種前皆注明版本、著者。

五、本編文獻皆爲影印，原始文本掃描之後經過修復處理，仍存原式，少數文獻由於原始底本欠佳，略有模糊之處，不影響閱讀使用。

六、本編原始底本非一時一地之出版物，原書裝幀、開本多有不同，本書彙編之後，統一爲十六開右翻本。

目録

南洋史綱要兩篇

南洋史綱要兩篇

李長傅 編著

商務印書館鉛印本

李長傅編著

南洋史綱要

商務印書館發行

李長傅編著

南洋史綱要

商務印書館發行

顧序

不見李先生已多日矣。時局沈悶，工作繁冗，除日常生活外，絕少讀書著譯的時間。回溯流寓東京時，日間閉戶自修，入晚與三數同志浪跡神田區舊書店中，任意翻閱，輒獲數册而回。偶獲好書，每致樂而忘倦，喜不成寐。每逢日曜，尤興高彩烈，羣趨丸善書店，無代價的飽覽歐、美新版書，連續三、四時，過午不覺腹饑。以今比昔，眞是別一天地。此種生活，李先生與我，亦曾共同過若干時日，今我困頓塵俗，不能自拔，而李先生仍勤勤懇懇，搜求新著，整理舊聞，自讀、自譯、自作，不稍懈退，每隔若干時間，必有一、二種新著述貢獻於世，其得天之厚，用力之專，儕輩誠無出其右。果也南洋史綱要又以出版聞。竊知李先生南洋史之編纂也，早在八年前吾人同在暨南大學、南洋文化部服務時，而大部分完成則在四、五年前流寓東京時期，乃積歲月以完成之者，其利便南洋華僑各校教材之採擇，誠有價値之作也。猶憶予友劉士木云，昔日本東京啓明會曾懸賞二千金徵集爪哇史譯稿，卒得松岡靜雄氏善本係從荷文爪哇史譯出者。是書出後，凡日本官民之於役爪哇者，所得方便不少。日人大感松岡氏之厚誼，卒予與名譽奬狀之奬勵。然則李先生之南洋史綱要，其必得大部分留心南洋文化者之同情，可無疑也。書殺青於一二八之前，因種種障礙，及今方得問世。細讀原稿一過，體裁整齊，取材謹嚴，敍述扼要，但李先生自身尚不表示滿意。我深盼李先生今後仍本勇猛邁進的精神，繼續不斷的努力，再編一部更詳細的南洋通史，以滿足讀者的慾望，李先生勉乎哉，同志拭目以俟之矣。

顧因明　二四、十二、八。

黃序

昔余僑居爪哇時，得讀李長傳先生所著南洋華僑史，深佩其史識過人，嘗恨無由識荊，惆悵無似。前年、余自海外歸來，得識先生於滬上，此後得時相過從，縱談南國掌故，益知其於南洋歷史深具心得。余每竊望彼能傾其所得，著爲一書，以饗國人。今春李先生以所著南洋史綱要見示，并囑綴數言。余細閱底稿一過，覺是書有四大特色，茲請爲讀者介紹之。

一、名符「綱要」之實——南洋地域遼擴，種族繁頤，以前大小王國，爲數之多，指不勝屈；且此起彼蹶，存亡興替，遝雜萬分。而李先生竟能以寥寥數萬言寫得簡明扼要，頭頭是道，確是非常手筆。

二、穿插得當——普通治各國通史者，其最大毛病，患在時代劃分零亂，史實前後不貫，或重複或突出，致讀者於某一時代之史實，難得一顯明完整之印像。而李先生此書，其於南洋各地歷史之敍述，瞭如指掌。

三、考據精核——治南洋史所最感痛苦者，厥爲年代邈遠而記載闕然。邇來坊間所刊行之南洋史書，多憑道聽塗說或剿襲外人。而李先生此書能徵引中外典籍詳加考證，讀者可於南洋歷史之演進得一明確之認識。

四、譯名審慎——南洋各處自昔旣與我國往來頻繁，故各地名、種族名、酋長名及文物名稱等等，有已見之於史籍者，有爲華僑所習慣沿用者。凡此，李先生皆盡量採用，極便讀者之資考。其與一般憑空揑造者流所任意創譯者，絕不相同。

中華民國二十五年舊歷元旦　學弟銅山黃素封拜序。

例言

一、本書以供給研究一般世界史，南洋問題，華僑問題者之參考，及華僑學校教學之用，故以簡要為歸，但南洋重要之史事，均歷述無遺。

二、本書以記述之便利起見分上下二編，上編為後印度史，下編為馬來西亞史。篇首冠以緒論，略述南洋史之意義。篇末附大事年表及南洋史書目。

三、本書之地名人名，頗費考訂，大概我國史書之原有者儘量用其舊名，其無者則參考現在南洋通名之習慣譯名，再無者始與以適當之譯名。各名之下均附西文之對音，以資對證。

四、每章之末，列入本章之主要參考書，以便學者作進一步之研究。

五、所謂史學之法則(Historic law)自歷史哲學的方法，文化史的方法，而至於唯物史觀的方法。本書尚談不到此，不過將南洋過去之事蹟，作簡明的系統的介紹而已。

六、顧黄二先生序奬飾太過，不勝感愧，錯誤之處，尚望海内通人賜以指正爲幸。

二十四年九月　李長傅識

目錄

序

南洋史綱要

緒言

南洋之定義　我國正史祇有「海南諸國」及「南蠻」之名。明代海外交通，始有「東洋」、「西洋」*之稱，清初轉而爲「東洋」、「南洋」、「東南洋」等。近二十年來，「南洋」名詞乃通行於全國。所謂「南洋」者，以其在我國之南方而遠隔重洋也。其地位殊難確指，說者謂有廣義狹義二說：廣義之說，自後印度半島、馬來半島、馬來羣島，以迄澳大利亞、紐絲倫，東括太平洋羣島，西包印度，皆謂之南洋。狹義之說則僅指馬來半島及馬來羣島爲南洋也。據作者管見，南洋之名詞，當然指廣義之南洋。惟以中國爲本位，可分裏南洋與外南洋二部。後印度半島、馬來半島、馬來羣島爲裏南洋。澳大利亞、紐絲倫、太平洋羣島爲外南洋。本書則以裏南洋爲標準。外南洋在地理上屬於海洋洲，其歷史與裏南洋亦迥不相同，當歸入海洋洲史研究也。

*明代分亞洲南部之航路爲二部，文萊（婆羅洲）以東曰東洋，菲律賓諸島屬之。以西曰西洋，自後印度、馬來羣島經印度、阿剌伯直達非洲。故明史稱鄭和航海爲下西洋云。

南洋之地理環境　由我國南向突出一大半島，名曰後印度半島，一稱印度支那半島，* 其山脈河流皆與我國相關，在地理上言之，實與康、滇等省同屬亞洲西南部之大褶曲地帶。再由後印度南伸一狹長土股，名曰馬來半島。此爲南洋之大陸部分。此外尚有羣島環繞二半島之東南者，名曰馬來羣島。爲亞洲東南部之陸島，又分二羣，東北曰菲律賓羣島，由呂宋、棉蘭老二大島及若干小島組合而成。西南曰東印度羣島，由爪哇、蘇門答臘、婆羅洲、西里伯四大島及小巽達、摩鹿加二羣島組合而成。馬來半島及馬來羣島合名曰馬來西亞。最近南洋之政治區劃後印度分爲三部，東曰法屬印度支那，西曰英屬緬甸，中曰暹羅王國。馬來半島屬英，東印度羣島屬荷蘭，惟有婆羅洲之北部屬英，小巽達羣島之帝汶島東部屬葡萄牙，菲律賓羣島屬美國。茲列一簡表如下：

一

- 後印度（印度支那）
  - 暹羅王國
  - 法屬印度支那**
  - 英屬緬甸
- 馬來西亞
  - 馬來半島
    - 英屬海峽殖民地
    - 馬來聯邦
    - 馬來非聯邦
  - 馬來羣島
    - 東印度羣島
      - 婆羅洲
        - 英屬北婆羅
        - 文萊
        - 沙勞越
      - 爪哇
      - 蘇門答臘
      - 西里伯
      - 摩鹿加
      - 小巽達——葡屬帝汶島
      - （婆羅洲至小巽達）——荷屬東印度
    - 非律賓羣島——美屬非律賓

* 印度支那（L'Indo-chine）係法國地理學家馬爾地布隆（Malte-Brun 1755-1856）所命名，以其地理、宗教、風俗，介乎中、印之間也。但以我國為主位，似用後印度（Farther India）為愈。

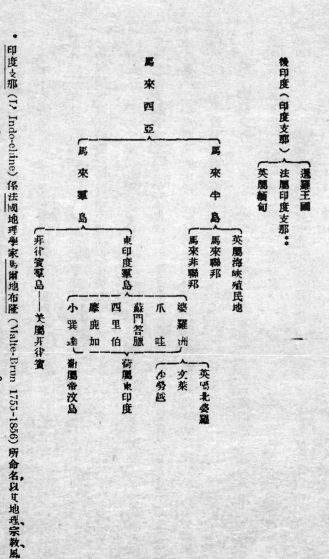

** 一般地理書多稱法屬印度支那爲法屬越南，不知越南僅含南、北、中三圻，法屬印度支那除三圻外，尚含有老撾、東埔寨在內也。

南洋史研究之必要　我國學校，祇有東洋史與西洋史，而無南洋史，以其包括於東洋史之中也。不知一國之研究歷史，當以其國之地位爲觀點，歐洲人之研究世界史，自無特立南洋史一科之必要。我國與南洋地勢之接近，國際關係之密切，而無專史紀載，非一大憾事乎？我國學子，能言埃及、希臘之文化，羅馬之武功，法、美之革命，而不知南洋人種之淵源，文化之由來，歐人侵略之經過，中南交通之源委，何明於遠而暗於近也。國內之學子如此，華僑之學子亦然，不亦失卻歷史教育之義意歟？本編以世界史眼光紀南洋史略於各國內部之瑣事，而詳國與國間之關係。政治文化並重，俾國內外學子之學習歷史者，知南洋史事之大略焉。

南洋國別史與南洋通史　研究外國史，以一國爲單位者，曰「國別史」。若紀二國以上，綜其要而會其通者，曰「通史」。譬如研究「南洋史」，以一國爲一篇，合爲一册，祇可名之曰「南洋國別史之合訂本」，不得謂之「通史」也。「南洋通史」者，以南洋全體爲範圍，而不以一國爲單位。

其理由有三：一、以南洋為單位，可以融會貫通，得悉南洋歷史之概況。二、各國皆有相互關係，若各自為篇，不免有割裂及重複之弊。三、南洋自有史以來，為部落式的國家，發展分國敘述，不勝其煩。如後印度半島，吾人以為分作安南、暹羅、緬甸三國史可矣，不知實不盡然。除安南等三國而外，尚有占城、南掌、柬埔寨、擺古、阿羅漢諸國，至今猶有存者。若一一分別紀載，在研究上更犯破碎之弊也。

南洋史之二部　本書為通史性質，固當以南洋為一單位，然就其歷史發展之情形，各國間關係之疏密，因研究便利起見，而分為二部。即後印度為一部，馬來西亞為一部也。後印度在地理上連成一片，開化較馬來西亞為早，沾染儒教及佛教之文化甚深，與中國關係密切，其受歐人之侵略，則反較馬來西亞為遲焉。馬來西亞以馬來人為主體，開化較遲，初受婆羅門佛教之文化，繼為回教所籠罩，與我國歷史關係較淺，而受歐洲勢力之侵略，則反較後印度為早焉。

南洋史料之來源　南洋史料，可分三期述之：上古期，大約以中國史書為根據。南洋各國自身之紀載，若暹羅、緬甸及馬來人，雖有編年史，然荒誕無稽，不可盡信。安南與中國同文，其紀載與中國無大出入。菲律賓則無古代之紀載，南洋上古史，故不得不取材於中國也。中古時代，各國受中、印之文化，知識漸高其自身之歷史，較爲可據。參之東西人之紀載，可得其梗概也。近世史，歐人紀載甚多，亦頗詳盡，惟以統制者，紀被統制者之歷史，每有失卻眞相之虞，亦當以各國自身之紀載爲參考也。年來，歐洲史家在南洋從事發掘考古，對於上古史，亦頗有發明。總之南洋史，尙在萌芽時代，爲歷史而研究南洋史，不爲政治作用而研究南洋史，則爲我中國人之責任也。

參考書

內田寬一——南洋の義意（史林第一卷第二期）

李長傅——南洋地理誌略

李長傅——地理上所見之南洋（南洋研究第四卷第六期）

上編　後印度半島

第一章　後印度人種之淵源

小黑人　後印度之原住民，人種學家名之曰小黑人（Negritos）*，屬尼格羅系，身軀短小，膚色黝黑。與之同族者有沙垓人（Sakais）、𤞑人（Was 一名拉𤞑人 Lawas）等。在有史以前居住半島，自他族徙人，遂逐漸式微，殆猶之我國之苗、猺也。今小黑人及沙垓人之殘存者，居於馬來半島之內部及晏陀蠻羣島（Adaman I.），𤞑人之殘存者居於暹羅及緬甸交界之地。文化甚低，在歷史上亦無甚地位可言。

* 此小黑人不但爲後印度之主人，且爲亞洲東南部之原住民，三國時今皖南山中山越之侏儒，吳大帝以賜大秦商人秦倫者，殆即此族云，

猛人　半島最初之移住民曰猛人（Mons）或吉蔑人（Khmers），前者初居緬甸南部，後者居越南南部，後二者相混合稱猛吉蔑人，今緬甸之得楞人（Taliangs）、越南之柬埔寨人（Cambodians）屬之。此族大約自紀元前八世紀來，在印度之東北部，殆爲雅利安人所驅逐而來，自緬甸之南部經暹羅而至柬埔寨。其所建設之國家，前者有擺古國（Pegu），後者有扶南國（Founan）、眞臘國（Tchinla），卽今之柬埔寨王國也。

歹人　後於猛人而來半島者，爲歹人（Tais　譯言自由人），今之暹羅人、老撾人（Laos）、撣人（Shans）*、傑仁人（Karens）屬之，與我國之白夷同屬一族。據人種學者之考證，其原住地在中國之湖南，受漢族之壓迫，南徙至廣西、貴州、雲南一帶，約紀元前二世紀至緬甸及暹羅之北部。今雲南之歹人多於漢族，純粹之歹人尚可於廣西境内覓得之。其言語與今之暹羅語大部相通也。老撾人曾建設南掌國（Lantsan），撣人曾入主緬甸，暹羅人曾在雲南建設南詔國（Nachao），十三世紀爲蒙古所滅。其建國於湄南河流域則在第八世紀至第十四世紀，乃征服蒙人而建設今暹羅王國云。

＊撣音善，或作撣（音彈）非也，見薛福成續瀛環志略初編緬甸國志。

緬甸人　屬西藏系，本居喜馬拉雅山麓及恆河間。其來緬甸，殆後於歹人，殆爲印度民族所驅逐，乃東下沿大金沙江（即伊洛瓦底江）而定居焉。繼同化猛人及歹人之一部，而建設緬甸王國。

阿羅漢人　一譯阿剌干人（Arakanese）屬孟加拉系，居住於緬甸之阿羅漢地方，在歷史上曾建設國家，與緬甸相對抗，至十九世紀始爲緬甸所吞併，惟語言風習早已與緬甸人同化矣。

安南人　一名交趾人，居住今安南之中圻、北圻及南圻地方。來源不詳，或云與山越同族，據其自身之紀載，亦謂來自中國之南部，建設安南王國。受中國之文化甚深，文字風俗制度皆同中國。在歷史上曾爲中國之一部，或爲中國之朝貢國云。

占人（Tchams）屬馬來系，居住安南之中圻，爲安南之舊主人。來自馬來羣島，曾建設占婆王國（Tchampa 一名占城），與安南王國對抗，至十七世紀，始爲安南所滅。

其他　除以上諸族外，尚有其他番族，如親人（Chins）、吉親人（Kachins 一名野人）、猺人（Yaos）、蠻人（Mois）等，在歷史上均不佔何等之地位。

參考書

A. Little: The Far East.

J. G. Scott: Burma.

W. A. Graham: Siam.

H. Clliford: Farther India.

第二章　太古之傳說

安南與中國之關係　安南之遠古史，據其民族之記載。第一王朝曰鴻龐氏，爲炎帝神農之後，明帝之子，開國於紀元前二千八百年，凡傳二十世，在位皆百餘年，享壽各數百歲，立國共二千六百二十二年。第二王朝曰甌貉氏，君主曰安陽王，名泮，爲巴蜀人，在位五十年，爲趙佗所滅。傳說如是，近乎神話。中國紀載，堯典有宅南交之說，或謂南交卽指五嶺以南之地，含有越南在內。周成王時，越裳氏重譯來朝，獻白雉，越人謂越裳爲越南之一部，安南人以越名國，始於此時，亦不免附會。自秦、漢以來，內屬中國，始有信史可稽。

暹羅猛族之立國　據暹羅*之紀載，初居暹羅者，爲猛吉蔑族（Mon-Khmer）。紀元前三世紀時，建設部落於湄南河畔之速古台（Sokotai），在今盤谷之北二百哩，人民奉信婆羅門教。二世紀以後，有酋長名室利打馬拉加（Sri Dhammaraja）者，自稱爲王，新建沙灣加祿城（Sawankalok）繼又於舊城建堡壘，二城互爲京都，其民俗制度皆同印度，是爲速古台沙灣加祿王國。後於速沙王國之猛族所建國家，有蘇孛汗王國（Suphan）建於一百五十年間，在暹羅灣頭，卽今之那坤西施（Nakhon Chai Si）。羅富里王國（Lohburi）與淩加國（Ligor 在馬來半島北緯八度二十五分），則建國於五百年左右也。

*暹羅（Siam）名稱之起源，按一世紀時，巴利語及梵語指湄南河流域爲 Cyama 或 Cyama Ratta，其意有二，一謂黑色之國，一謂黃金之國，後轉而爲 Siem，又轉爲 Syam，終成爲 Siam 云。

歹族古代之傳說　歹族爲暹羅王國之建設者。暹羅之古史，有北國編年史（Pongsawadan Muang Nua）者，紀載歹族之古史甚爲詳盡，惜荒誕無稽，不可盡信，如謂景線（Chiengsen）帝王之世系，早在佛歷紀元以前，其帝王有在位一百二十年者，殆屬神話而已。據現在史學家之研究，歹族之入暹，雖不能如暹羅古史所載之早，而建設國家，確在第五、六世紀時也。

緬甸民族之立國　據緬甸*古史，名緬甸編年史（Meha Yazawin）所載，紀元前九世紀，印度北部有王子曰阿白希查加（Abhi Raja）來緬，建設王國，建都於太公城（Tagoung 在今瓦城北）爲緬甸第一君主。干有二子，卒後次子繼承王統，長子越阿羅漢山建設阿羅漢王國(Arahan)。然據阿羅漢人之紀載，其第一王卽位時，在紀元前二六六六年，則遠在阿白希拉加入緬以前，可見此等紀載，殆屬口碑傳說，不可盡信。惟太公爲緬甸建國之地，則爲史學所公認，其遺跡至今猶存。又據緬年史所載，太公王朝傳至紀元前四八三年，爲樿族所破滅，遺民建國於卑謬(Prome)紀元後一〇八年移於蒲甘(Pagan)**是名新蒲甘王國，而太公則稱爲舊蒲甘云。

* 緬甸(Burma)原名Mrammah爲「強人」之意，後轉而爲 Myammah, Bama, 終成 Burma云。

** 今譯卜岸。

結論　無論何國，其遠古史多根據口碑傳說，是爲神話時代，不僅後印度諸邦爲然也。此等傳說，固不足據爲信史，然大致亦足供參考，如安南初建國於北圻，夕族建國於北暹，猛族建國於南暹，緬甸建國於太公，皆爲史家所公認。又安南自稱源出中國，緬甸自稱來自印度，古事實雖渺茫難稽，而民族文化之淵源，則由此可見一斑也。

參考書

越南開國志傳

大越史記全書

W. A. Graham——Siam.

W. A. R. Wood——A History of Siam.

J. G. Scott——Burma.

G. E. Harvey——History of Burma.

第三章　中印文化之輸入

中國版圖之南越　自戰國時代以來，中國開拓南疆，長江以南之地，有百粵之稱。粵與越同字，南嶺山脈以北名曰嶺北，一曰東越，南嶺以南之地名曰嶺南，一曰南越，此即南越名稱之由來也。秦始皇統一中國，略嶺南地，置南海、桂林、象郡等。南海今廣東、桂林今廣西、象郡即安南，是爲南越屬中國之始，秦末有趙佗者，南海之郡尉也，乘亂併三郡，號曰越南王，都番禺，越史稱之曰趙武帝，輸入中國文化，安南之用漢文，始於此時。漢初南越爲中國藩屬，漢武帝平南越，分爲九郡，置交州刺史領之，安南分交趾（今北圻）、九眞（今清化乂安）、日南（今中圻）三郡。東漢初，交趾女子徵側、徵貳反，漢光武帝命馬援平之，於日南之南界立銅柱而返。歷三國、兩晉、南北朝以至隋，雖時有變亂，然旋起旋平，常隸中國版圖，而列於郡縣。唐太宗分全國爲十道，以交州分交、峯、驩、愛四州，而隸於嶺南道，然以道路遼遠，復特置安南都護府治交州，安南之名起於是。

占婆之立國 安南之南，有占婆國（今中圻南部）爲占人所建國。據中國及安南之紀載，漢順帝永和二年（一三七年），始立國，初名林邑，屢寇安南，宋時曾受中國封册，爲林邑王。至唐肅宗至德（七五六年）以後，徙國於占廣南境內今會安附近，更名占城，一作占婆。據後印度考古家之說，占婆受印度文化，初信婆羅門教，後信回教，與安南迥異，其歷史遺跡，迄今猶有存焉。

佛教及婆羅門教之傳布 古孟人及猛人信仰拜物教，其建築不用磚石，文化甚低。紀元前三世紀時，印度摩揭陀國（Magadha）阿育王（Asoku）傳布佛教至世界各地，遣須那迦（Sona）、鬱多那（Uttara）二僧至蘇瓦納巫米（Suvarnabhumi 譯言金地），據近人之考證，或謂係擺古地方，或謂係暹羅南部，總之當在後印度之南部。第一世紀之末，北印度犍陀羅（Gandhara）王迦膩色迦（Kanishka）提倡大乘佛教（Nahaya），亦遣僧侶至各國傳布。今暹羅、緬甸所奉之佛教，爲小乘佛教（Hinayana），然於暹羅之佛統（Nahon Pratom）、緬甸之打端（Thaton）地方掘得大乘教之佛像，可見當時亦受犍陀羅佛教之影響也。自迦膩色迦王以後，佛教衰微，婆羅門教復興，六二九年，玄奘至印度求經，曾紀載於曲女城（Kanyakubja）晤尸羅逸多王（Ciladitya），王皈依佛教，並尊崇婆羅門教，亦遣僧侶至外國傳教。就今日暹羅各地所發現之佛像證之，亦曾至其國也。自是以後，猛人除信仰大乘小乘外，幷雜以婆羅門教。

眞臘國佛教之盛　眞臘即今之柬埔寨國（一譯甘孛智）爲猛人所建國，其古史不詳。據中國及安南之紀載，本名扶南國，據瀾滄江之下流（即湄公江），文化甚低，善於航海。當東晉之末，有印度之僧侶名憍陳如(Kaundinya)來王其國，傳入婆羅門教。唐代其屬部之酋長伊金那滅扶南，新建眞臘國，繼傳入佛教，其第八王闍耶跋摩第二(Jayavarman II)* 在位六十六年（八〇二年至八六九年），於京城安谷爾(Ankor 意即都城）建築石佛寺。其後國王持黎跋摩第二(Suryavarman II) 於一一〇〇年更造著名之安谷爾寺(Ankor Wat)，當時文化宗教稱爲鼎盛。元代曾朝貢中國，元世祖(Kublai Khan)遣周達觀使其國，所著之眞臘風土記，於其古跡風俗，記載甚詳，迄今猶爲研究後印度古史之珍籍云。

* 或謂出自蘇門答臘之室利佛逝王系。

驃國之文化　緬甸自新蒲甘王朝建國後五百年至六三九年，新加拉查王(Thinga Raja)

即位，改用新歷以四月十五日爲元旦，是爲緬甸史之新紀年。當時與新蒲甘王國幷立者，有阿羅漢人所建之阿羅漢國，猛人所建之擺古國，而撣人則建南詔國於雲南。據中國史乘所載，以蒲甘文化爲高。唐代名曰驃國（Pyu）其人民長於音樂，曾獻樂人於中國，而佛教之盛，亦不亞於眞臘。唐書謂驃國「有佛寺百餘區，堂宇皆錯以金銀，塗以丹彩，地以紫鑛，覆以錦罽，男女七歲則止寺舍依桑門，至二十不悟佛理，乃復長髮爲居人，其俗好生惡殺」，此可見其一斑也。

參考書

大越史記全書

越史通鑑綱目

唐書

宋史

馮承鈞譯——占婆史

馮承鈞譯——扶南考（史地叢考續編）

R. Mookerji——History of Indian Shipping.

第四章　安南之獨立

交趾之亂　五代時中國大亂，廣州節度使劉儼據兩廣，自稱南漢大帝。交州節度使曲承美不奉命，劉儼敗之。其將楊延藝代領其衆，自署爲交州節度使，受南漢之命。楊氏衰后，吳權繼之，自立爲交趾十使，一世國內大亂，諸將爭立，驩州刺史丁部領起兵滅之，自立爲王，號瞿越帝，於是離中國獨立，是爲丁朝，乃越南獨立之始，時九七三年，中國宋太祖開寶六年也。

丁朝　爲安南第一王朝，其始祖曰丁公著，本爲楊延藝之將，受命爲驩州刺史。公著後，部領繼之，平羣寇，稱瞿越帝，遣子璉入貢於宋，宋太祖授爲節度使，封交趾郡王。自是安南始列爲外藩，不入中國版圖。丁部領越史稱之曰丁先皇，是爲丁朝之始祖。未幾內亂，部領與璉皆被殺，璉弟璿嗣位，幼弱，大將軍黎桓擅權，遂篡立，丁朝亡，時九八〇年也。

前黎朝　黎桓擅政久，遂篡立，宋太宗命將往討，無功而還。黎氏亦懼中國，遣使謝罪，受交趾郡王之封爵，據越史所述，頗修內政，爲人民愛戴。傳三世，第三君開明王，臥病不問朝政，史呼臥朝皇帝。卒後，殿前指揮使李公蘊簒立。黎氏共歷二十九年，史家別於後黎朝，稱之曰前黎朝云。

李朝　李公蘊卽越人所謂李太祖，初爲黎朝殿前指揮使，簒黎朝位，遷都昇龍（今東京），受中國册封爲交趾郡王。再傳至孫日尊，是爲聖宗，改國號曰大越，崇信佛教，建四大觀，又尊儒教，建孔子廟。此時與宋爭壤，宋師來伐，而南部之占城，亦爲越之世仇。聖宗乃向宋謝罪，專伐占城，擄其王，取廣南二州，日尊卒，子乾嗣位，號仁宗。時當宋神宗朝，王安石執政，征安南不利，越南反發兵寇宋邊，陷欽、廉、邕等州，中國發兵禦之，敗安南軍於富良江，掠其邊境，安南大懼，復入貢。宋徽宗朝，安南貢使至京，乞市書籍，宋許之。李朝六傳至英宗，自開國以來，累代君主，號稱英明，國勢富强。七傳至高宗，好宴樂，不理政事，國大亂。八傳至惠宗，遂爲陳日煚所簒，李朝亡，共歷九世，傳二百六十餘年。

參考書

越史通鑑綱目
大越史記全書

第五章　暹羅之立國及緬甸之興盛

南詔之興亡　歹族初建設之國家，在中國南部，名曰南詔。開國於六五〇年，其王姓蒙氏，唐高宗時入貢中國，受封爲雲南王。七五〇年遂併有雲南之地，自號大蒙，建都於羊咀咩城，卽今之大理也。對於中國，和叛靡常，亦與吐蕃（西藏）交通。八八〇年間（唐僖宗時）衰微。九〇一年（唐昭宗時）滅亡。其後雲南之地有大長和國（九〇一年至九二八年），大義寧國（九二八年至九三七年），相繼興起，然皆漢人所建之國也。九三七年歹族之土豪段思平中興，滅大義寧國，建設大理國，爾後三百年間，巍然爲西南大國。直至一二五三年，始爲蒙古所滅。據中國史乘所載，其國家制度井然有條，人民勇敢，文化實業皆甚發達。暹羅史家謂爲暹羅王國之前身云。

暹羅歹族之建國　歹族何時移入暹羅，無可考證，大約至遲在六世紀。據暹羅古史所載，至八五七年有景線王子婆羅門王(Prohm)者，建治于孟凡（Muang Fang），並略取猛族地，佔領沙灣加祿（Sawankalok），猛族不能敵，乃以封爵羈縻之。與孟凡同時興起之歹族國家，尚有孟梳（Muang Sao）即今老撾之拉布拉班（Luang P'rabang）是也。

緬甸阿奴拉他王之偉業　一〇四四年，緬甸蒲甘王朝之阿奴拉他王（Anawrata）即位，是爲緬甸史上第一名王，於宗教武功，多所貢獻。當時緬甸雖信佛教，然非佛教正統，純乎異端而已。阿奴拉他王自打端傳入佛教，黜逐邪教徒(Ari)，歸依大乘，人民默化。又向打端求佛經，打端王以蠻夷民族目之，不之應。阿奴拉他王大怒，率大軍征之，滅其國，掠佛經、佛像、財貨及國王與其人民而歸。又聞中國爲佛教國，以求佛齒爲名，北征至南詔，佛齒不可得，僅獲金像而回。班師時經撣國，與撣族酋長孟茅(Mang Mao)之公主結婚。嗣後復出師二次，一至錫蘭，求佛顴骨，毀其附近之塔，而顴骨不可得，失望而返。一遣使至錫蘭求佛牙，亦不能獲。在位四十三年而卒。據緬甸史乘所載，其武功之盛，曾征服阿羅汗國及孟加拉灣，而暹羅地域，亦在其勢力之下云。

緬甸與錫蘭之交涉　一〇九〇年蒲甘王開耶辛(Kyanzittha)建安納達(Ananda)寺於蒲甘，爲緬甸第一大寺，遺跡至今猶存。一一〇六年，遣僧侶至中國入貢，獻白象。一一八〇年阿降西打

(Alangsitha)王在位時，有錫蘭軍之侵入。据錫蘭史云，初錫蘭商人多往緬甸之擺古地方經商，錫蘭王派官駐紮其地。緬甸向錫蘭商人徵稅，錫蘭官吏拒之，緬甸捕其船隻，囚其人民，錫蘭王大怒，遣兵征之。至緬甸之勃生(Bassein)殺其總督，掠其村落，虜其人民，並捕俘擄而歸。緬甸遣使至錫蘭求和，始恢復邦交。據中國史乘所載，錫蘭入寇時，緬甸得南詔之助而擊退之，恐誤為九世紀事云。

參考書

唐書
W. A. R. Wood——A History of Siam.
J. G. Scott——Burma
G. E. Harvey——History of Burma.

第六章　後印度諸國與蒙古之關係

蒙古征蒲甘　一二四八年，緬甸之提哈孛特王（Narathi apate）即位，史家有亡命王之稱。一二五三年，蒙古滅南詔，與緬甸接壤。一二七三年，遣使往諭降，提哈孛特不聽，且戮元使。一二七九年大理與緬甸間之金齒蠻（今雲南太平河），通蒙古，報緬甸國情。一二七七年，元世祖命忽都征緬，忽都率師七百晝夜兼行，與緬軍會於太平河上，緬師凡四五萬，前乘馬隊，殿以象陣，蒙軍多騎兵，分三隊，兩方大激戰，緬兵大敗，被捕虜甚多。不久，蒙將納速拉丁又率兵三千八百人征緬，至江頭城（Kaungton 在八莫瑞姑間）以大熱還師。一二八三年，蒙古王族相吾答爾受命再征緬，遂破江頭城，殺萬餘人。一二八五年，更增兵破太公城，陷蒲甘。提哈孛特奔勃小，降元，約三年一貢，不久為其子所殺。元設緬甸行省，是為緬甸得名之始*。緬甸東鄰之暹國**（Shan States）及八百媳婦（Papesifu 即景邁），皆入貢蒙古云。

＊前此我國稱緬甸曰緬國。

＊＊按此暹國指撣國。

蒲甘王朝之亡　提哈孛特卒後，三子爭位，世子耶薩瓦（Kgawzwa）即位，都擺古，但不久（一二九八年）亦被殺，蒲甘王朝遂亡。蒲甘王朝爲緬甸史上第一王朝，稱緬甸之黃金時代，其君主好建廟宇築浮屠，故亦名「建寺王朝」云。

安南陳朝之創始　陳朝初祖曰陳日煚，本爲漁家子。從叔守度，爲李朝殿前指揮使，煚得隨之入侍。惠宗卒無子，次女佛金嗣位，號昭聖女皇，悅日煚，納爲婿，於是禪位於日煚，是爲陳朝之始祖，號太宗，時一二三〇年也。

蒙古安南之戰爭　元滅南詔，遣使至交趾諭降，而使臣不返，乃遣齊二克圖等征之，至安南京北兆洮江上，大敗安南軍，入交都（今河內），日煚竄海島。蒙古得前遣使於獄中，虐待不堪，因屠其城，留九日而返。一二五八年，煚傳位於其長子晃，是爲聖宗。時占城不服元，元世祖遣索多率師渡海往征之，向安南假道，安南不允。一二八四年，元將託歡往征之，陷其都，安南王日烜（號仁宗）逃往清化。索多亦自占城來會。元師雖勝，而死傷亦多，乃引兵還，沿路爲安南伏軍所攻，僅得出境，索多戰死。一二八六年，復命託歡往征之，分兵三道，水陸并進，渡富良江，日烜再遁。然元師無糧，且患熱，乃退師，安南兵追之，元兵敗於白滕江，失戰船四百餘艘，大將烏馬兒被擒。然安南恐元兵再至，乃遣使赴元謝罪，歸俘虜。適元世祖崩，元人亦厭兵，乃罷師，安南入貢中國，受册封。

蒙古征占城　一二七八年，蒙古遣使至占城招降，占城内附。一二八二年，命索多即其地位立占城行省以撫治之。既而王子補的專國，不奉行省之命，元使至暹羅者，經其地皆被執。世祖怒，命索多討之，破其都城，王子逃走，遣使寶脫秃花陽納款以緩師，而潛殺元使。索多久乃覺其詐，遣兵攻之，不利，死戰乃得退出。元世祖大怒，命託歡假道安南往征之，安南不允，因發生征安南之役，無暇顧占城。一二八四年，占城使臣奉表歸款降元。

暹羅速古台王朝與蒙古之交通　一二五七年，歹族酋長錫邦卦(Kum Bang Klang)佔領速古台(Sokotai)，建設獨立王國，上尊號曰室利因他拉蒂(Sri Intaratitya)，是歹族獨立國家之始，我國史書稱爲羅斛國，與北部之暹國(Shan)合稱暹羅，此暹羅國名之由來也。自南詔滅亡後，歹族南移者甚衆，使速古台厚增兵力。一二七五年，速古台第三世王拉嗎摩項（Ramham-heng）卽位稱爲名王，拉嗎摩項大王之稱，在位凡四十年，雄才大略，於政治文化貢獻實多。版圖之大，含有今暹羅之中部、南部、西部，以及緬甸之南部。嘗與蒙古交通，一三〇〇年拉嗎摩項大王親朝中國，招致中國美術家多名，傳入中國陶器之製造法。又速古台本用眞臘字母，自拉嗎摩項大王始改造之以適合於歹語之用，卽今暹羅文之起源也。

參考書

元史

W. A. R. Wood——A History of Siam.

G. E. Harvey——History of Burma.

J. Stuart——Burma through the Centuries.

第七章　緬甸樺族王朝及暹羅阿踰陀王朝之建設

阿瓦王朝之建設　自蒲甘王朝滅亡後，樺人繼興至十四世紀元初緬甸北部皆在樺人勢力之下。樺族之立國，据緬甸史乘所載，一二九八年有樺族兄弟三人，被任爲上緬甸之總督，其權力亦如王者，是爲樺王族之始祖。三弟兄中之一人名新哈圖(Thihatu)稱王建都於邦耶(Panga)。一三一五年，其王子另設一國，都於塞格(Siang)。一三六四年有泰多明耶(Thadominbya)併合兩邦，奄有中緬甸之地，建都於阿瓦(Ava)是爲阿瓦王朝。

阿瓦與擺古之對峙　當阿瓦王朝建設時，南緬甸另有擺古*王國，阿瓦王國之泰多明耶卒，明宜蕭沙克(Mingyi Swa Sawké)繼之，攻擺古時另有樺人瓦來路(Wareru)建國於馬爾達班，助擺古以抗之，驅緬兵於打拉(Dala 仰光之對岸)。不久瓦來路與擺古交惡，乃滅擺古，彙爲擺古王，瓦氏不久卒，然擺古、阿瓦遂成對峙之局，一譯白古，今譯勃固。

速古台王朝之衰亡　拉瑪摩項王卒後，勒泰王（Loetai）嗣位，國漸衰，南方另有新勢力興起，是爲阿瑜陀（Ayuthia）王國。一三四七年，勒泰王卒，其子黎泰王（Tammarya Lutai）嗣位，稱嗎哈他嗎拉查第一，國勢益衰，僅保有王都附近一帶地。然王熱心佛教，自印度、錫蘭招致高僧，以宏佛法，所建之佛寺甚多。又修道路，浚水道，遺跡至今猶存。性極慈悲，不好武功，爲人民所愛戴。一三七〇年卒，子塞（Sai）嗣位，名曰嗎哈他嗎拉查第二，在位八年，爲阿瑜陀之屬國，速古台王朝遂亡，計自開國迄今凡傳一百三十二年云。

阿瑜陀王朝之建設　阿瑜陀王朝之始祖曰烏東王（Phya U'thong），爲景線王朝之後裔。一三五〇年建都於阿瑜陀城（卽大城府），上尊號曰羅摩直波帝第一（Rama Tibodi I），與速古台王國作多次劇烈之戰爭，終戰而勝之，奄有今暹羅之南部，訂立各種法令，是爲阿瑜陀王朝之太祖，卒于一三九六年。

眞臘之衰亡　阿瑜陀王國與眞臘，時啓鬥爭。一三九三年，暹王拉梅遜（Ramesuen）攻眞臘，陷其京城安谷爾(Angor)，眞臘國王苦東邦(Kodom Bong)乘小舟遁，不知所終。王太子被擄，立王孫室利蘇利遊(Sri Suriyo)爲王，隸暹羅爲藩屬。此役也，眞臘全國殘破，人民被暹羅擄而爲奴者九萬人。自此以後，遷都於金塔城(Pnom Penh)，國勢一蹶不振。

參考書

W. A Graham——Siam.

W. A. R. Wood——A History of Siam.

J. G Scott——Burma.

G E Harvey——History of Burma.

第八章　安南與明之交涉

陳朝之亡及黎朝之興

陳朝自陳日煚立國，七傳至陳日熞，當明太祖時，占城入寇，陷交都，宮室圖書寶物等，悉罹兵燹。復四傳爲黎季犛所篡，陳朝遂亡，共傳十二世，歷一百九十年。黎季犛本姓胡，相傳其先世爲浙江人，移居安南，爲陳朝外戚。及篡位，復本姓胡，自謂出帝舜裔胡公滿之後，國號大虞，稱國祖章皇，時年已六十四歲，即位之翌年，乃傳位於子查，自稱太上皇，時永樂年間也。

明之經營安南

陳朝亡後，其遺族陳太平赴訴於明，具告黎季犛之不法。及慘殺陳族狀，請中國出義師。明成祖允之，責黎查篡立之罪，欲伐之。黎查遣使謝罪，允迎太平回國，明成祖許之。明安南軍於半途殺太平，成祖大怒，一四〇六年命大軍伐安南，翌年陷其國都，黎氏父子出走，明軍追而獲之，檻送燕京，改安南爲交趾，置布政司，設郡縣，興教育，以五經四書頒布人民，誦讀，衣服用長衣短袖，一從明俗。然越人獨立已數百年，不願受中國管轄，而明人又徒恃兵威，不事恩撫，故越人叛亂繼起。有黎利者淸化人，起事以立陳氏後名暠者爲號召。明兵討之不克，不得已仍許安南獨立。一四二七年，明放棄安南，撤軍民官吏北還，命黎利理國事，黎利自號大越，是爲後黎朝，上尊號曰黎太祖。

黎聖宗之功業　黎太祖於一四三二年卒，子麟嗣位，號曰聖宗，雄傑自負，國富兵强。一四七一年征占城，執其國王而歸。一四七四年夷其國爲南交，占城遂亡。又內侵中國，擾雲南、廣西、廣東等省，明廷無如之何。並親征老撾，降之，徵其兵攻景邁，敗還。又大興文化，衣冠制度，皆彷有明，越史稱爲「中興聖主」云。

莫氏之興起　越聖宗卒後，內亂不絕。有莫登庸者，本爲漁家子，歷仕黎氏三朝，以平亂得功，封武川伯，總水陸諸軍，既握兵柄，潛蓄異心，迫大越王黎椿禪位，而繼承大統。有阮淦者另擁王族黎寧立於淸華，是名西京，而舊都則稱東京。於是安南分爲二部，兩國相爭不絕。

鄭莫之對峙　明神宗間，黎王維潭用大將鄭松攻克莫氏，復國。而莫氏子孫，猶據高平，終明之世，兩姓並峙，莫能統一。鄭松自復國後，權勢之盛過於越王。有阮潢者，爲阮淦之子，見鄭氏勢盛，起兵攻之，不克，退據中圻，號廣南王，建都順化，與鄭氏相對峙。

參考書

明史

越史通鑑綱目

大越史記全書

第九章　緬甸暹羅之戰爭

緬甸東吁王朝之建設　十六世紀之初，上緬甸有緬甸族新勢力興起，有東吁（Taungu）者，建國自十三世　之末葉，名義上爲阿瓦之一行省。繼與擺古聯合，與阿瓦對抗一五三〇年其酋莽瑞體（Tabeng Shweti）起，統一緬甸，稱爲東吁王朝之始祖。

莽瑞體士之征暹羅　莽瑞體即位時，年僅十六，勇敢有爲，與阿奴拉他及甕籍牙稱緬甸史上三大英雄。一五三九年，征擺古，擺古酋長聯合撣人印度回教徒、葡萄牙人以拒之。莽瑞體初不得利，三征始服之，殪葡萄牙領袖，莽氏自稱擺古王。翌年，取馬爾達班，一五四二年，取卑謬。又命其大將莽應裏（Bureng Noung）攻阿瓦，無功而退，一五四八年，莽瑞體與莽應裏率大兵三十萬，馬三千頭，象七百頭，攻暹羅，自馬爾達班出發，大敗暹兵於蘇班富里（Supanburi），近逼大城府，暹人守禦甚力，王后素里玉台（Suriyotai）死於此役，緬兵屢攻不克，糧盡班師。一五五〇年，爲其部下所刺殺。

莽應裏王之再征暹羅　莽瑞體卒，莽應裏嗣位，勇敢有爲，不亞前王，有「緬甸拿破崙」之稱。一五五四年，滅阿瓦，撣王朝遂亡。卜氏仍都擺古，又北征撣人諸國，遠達景邁。一五六四年，再征暹羅，下湄南河，陷大城府，掠暹王及后而去。翌年攻南掌，據之，南掌王遁走，俘其家族及臣屬至擺古、景邁，立暹王子帕職梅逐（Bramahin）爲暹羅總督，受緬甸管轄，爲其屬邦。繼而帕職梅逐起而革命，景邁、南掌皆遣兵助之，一五六八年，莽應裏復陷大城府，又東侵老撾，重取南掌而歸。應裏信仰佛教，曾與印度及錫蘭交通，自哥倫坡取得佛齒而歸。一五八一年卒。莽瑞體及莽應裏二王有「王中之王」之稱，其領域不惟括有今緬甸全境，且南起馬爾達班，北迄中國西藏，西起阿羅漢山脈，東至湄公河云。

暹羅丕耶納禮大王之復國　丕耶納禮（Pya Narit）本爲暹羅王子，不服緬甸管轄，起而宣布獨立，繼卽暹羅王位。緬王機撾（YuYa Yaza or Nada Buyin 莽應裏之子）於一五九〇年及一五九一年，屢興大軍伐暹羅，皆爲納禮所敗，損失不貲，納禮王曾東征眞臘，降其王，收爲屬藩。又西征緬甸，取馬爾達班及土瓦等地，降服景邁，稱雄海上，暹史有納禮大王之稱。與中國交誼甚篤，屢遣

使至中國，一五九二年，日本破朝鮮，納禮王告明，願潛師直擣日本，牽其後，明廷拒之，

參考書

明史

W. A. R. Wood——A History of Siam.

G. E Harvey——History of Burma.

J. Stuart——Burma through the Centuries.

第十章　歐人之東來

最初東來之歐人　一五〇九年，葡萄牙人阿爾伯圭克(Albuquerque)據馬六甲，漸至半島各地，在占打、六坤、大呢、丹老等地經商，並與緬、暹二國發生政治關係。莽瑞體于攻擺古時，葡人助擺古防守，後擺古爲莽氏攻克時，葡萄牙人之總司令摩拉尼司(Ferdinand de Morales)死焉。其後莽氏攻緬甸諸部及暹羅，反得葡人之助，輸入槍礮。一五四八年，緬、暹之役，兩方皆有葡萄牙人，有葡船三艘助大城府防守，終爲緬人所殲。繼葡萄牙而來半島者，爲荷蘭、英國及法國，其目的在經商與傳教，而以英人在緬甸占勢力，法人則在暹羅占勢力焉。

孛里多事件　一六〇〇年，阿羅漢與暹羅聯合，攻擺古，占沙里安(Syriam)駐兵其地，設總督。其總督爲葡萄牙舟子名孛里多(Philip de Brito)，後與阿羅漢不洽，求助於印度臥亞(Goa)之葡萄牙總督，與阿羅漢相抗，勝阿羅漢及緬甸聯軍，焚佛寺，強人民入基督教，威震一時，終爲阿瓦王馬哈達馬耶查所擊敗而死，葡人多名被掠至阿瓦，即所謂本地基督教徒是也。

緬甸馬哈達馬耶查王之外交　緬甸自莽應裏王卒後，內鬨忽起，緬甸各部分裂，東吁王國勢力甚微。自一六〇五年，馬哈達馬耶查(Maha Dhama Yaza)漸恢復其勢力。一六一五年建臨時京城於擺古，繼遠征地那悉林及景邁。與印度皇帝周汗迦爾(Johangii)及亞齊蘇丹通使，思聯合以抗葡人。又遣使至卧亞，視察葡人之情形。卒於一六二九年，其弟太多達馬耶查(Thado Dhama Yaza)即位。一六三四年，遷回京城於阿瓦，是爲緬甸史上擺古爲京城之最後一次云。

暹羅丕耶納萊王與普爾公　葡萄牙與荷、英、法諸國僑民，留居暹羅者，除大城府外，以大尼爲中心。初以葡萄牙人占優勢，後因葡、與暹政府發生齟齬，暹羅遂下逐客之令，而荷人代興焉。暹王丕耶納萊(Pya Narai)於一六五七年即位，彼爲非常之君主，熱心採取泰西之思想，許英、荷自由貿易，被禁通商之葡人，亦許其重來，並承認法國傳教師自由布教，有希臘人君士坦丁普爾公Constantine Phaulkon)爲王所信任，參預國政，築城壁，設要塞，建軍艦，鑿運河，成績極佳。納萊大悅，授以Chao Phya Vuhayen之尊位，寵信無比。又受其勸告，與歐洲各國交好，遣使至法國，朝路易十四，考察法國之文化制度而歸。著手改革政治軍事，大收效果，法國亦遣使來暹報聘，而普爾公不以高位自甘，與法政府結託，包藏禍心，思攫暹羅於其掌握。王之寵信愈加，位置愈高，野心愈熾。先竭力攻擊佛教，繼思以耶教代之，擅作威福，為人民所痛恨，反動遂起。乘王之病，囚王於羅富里(Lohburi)離宮，旋廢之，殺普爾公，基督教徒皆被戮，遂驅逐外人出境。

參考書

J N. Larned——The New Larned History.

J G Scott——Burma.

J Stuart——Burma through the Centuries.

W. A. R. Wood——A History of Siam.

第十一章　緬甸與英法交涉之初期

甕籍牙王之興起　十八世紀之初，古剌（Kola）之得楞人勢力興起。有得楞王賓耶打拉（Binya Dala）率葡萄牙人及荷蘭人陷阿瓦，執緬甸王，及其居民至擺古，焚阿瓦城，遣其弟兄征服緬甸諸邦。惟木疏部（Mokso-bo）不服，其酋長甕籍牙（Alompra）緬名阿隆丕耶（Alaung Paya）意即佛之祖也。雄才大略，不受得楞人之壓迫，一七五三年，起而佔領阿瓦，賓耶打拉前往攻之不克。甕籍牙反長驅南下，連敗賓耶打拉軍。一七五五年至大光（Dagon），名之曰楊光（Yangon），即今之仰光（Rangoon）也。

甕籍牙王與英法之交涉　當甕籍牙王時，葡人在緬甸之勢力已甚式微，而英、法代興。英國之商館，在尼格來斯（Negrais）島，設分館於勃生及蘇利安，而以不律氏（Brooke）爲領袖。法國之商館則在蘇利安，而以婆爾奴（Bourno）爲領袖。兩國爭緬甸之權利，利用緬甸之內爭互相暗鬥。英助緬甸人，而法助得楞人。不律遣上校派克爾(Paker)至阿瓦，與甕籍牙立約，英國助緬甸軍火，緬甸許英人自由通商。一七五六年，甕籍牙攻蘇利安而下之，殺婆爾奴及其他法國官吏，繼進略擺古，得楞王及其從官皆擄往阿瓦。一七五七年又取馬爾達班及土瓦，得楞王國遂亡。

尼格來斯事件　一七五九年，英國又有暗助得楞人叛亂之舉，緬人乃攻擊尼格來斯，毀其商館，英人及印度人有被殺戮者。翌年甕籍牙卒，子莽紀覺(Maung Dowgyi)嗣位，英國遣甲必丹阿佛斯(Alves)至緬甸交涉尼格來斯事件，緬甸釋放英僑，許英人在勃生經商。

參考書

J. G Scott——Burma.

G. E Harvey——History of Burma

J Stuart——Burma through the Centuries.

第十二章　緬甸與清之關係

明桂王入緬　一六五九年，明亡。明桂王由雲南奔緬甸，東吁王平達格力（Bentagle 莽瑞體之曾孫）納之，居於赭硜（Sagaing），視同罪犯，明遺臣江國泰、白文選等欲迎桂王攻阿瓦，因葡萄牙人之在緬者，以槍礮助之不克而退。既而緬甸政變，王弟莽猛白（Maha Parara Dhamuna）殺王而自立，更虐待永歷帝及其從人。一六六二年，吳三桂迫桂王至阿瓦，莽猛白即執永歷帝獻與清軍。

清征緬甸之失敗　自十八世紀以來，華人在緬甸經商者甚多，因受緬甸之苛待，訴之於雲貴總督，滇督欲以取緬甸爲功，入奏清廷，一七六七年，乾隆帝遣明瑞征緬，率滿兵三千，漢兵　萬餘，分爲二路入緬甸，明瑞自統一軍出東路，由木邦、孟艮以擊阿瓦。令額爾登出北路由新街（即八莫）、孟密，沿伊洛瓦底河而入緬。明瑞深入至蠻德勒，因北路之師無消息，閱時月餘，以糧缺退師，緬人乘機追之，明瑞戰死，清軍損失不貲。

緬甸之入貢　乾隆帝大怒，斬額爾登等。一七六九年，又遣傅恒大舉征緬，率滿洲軍萬餘，及閩、粵水師。四月自騰越率大軍入緬，取猛拱、猛養，未遇緬軍，以瘴發士卒多病引還。十月又進兵新街，勝緬軍。緬軍逼老官屯，兩軍相持不下。緬王孟駁(Maung 莽紀覺之弟，緬史稱白象王 Sinychin)遣使乞和，清廷亦以久爭無功，且將卒懼瘴不敢進，乃允之。定約緬甸為清廷之朝貢國。是役也，清廷共糜軍費一千三百萬兩，所得者緬甸朝貢之虛名而已。

參考書

東華錄
魏源——聖武記
稻葉君山——清乾全史
J. G. Scott——Burma.
G. E Harvey——History of Burma.

第十三章　緬甸滅暹羅及暹羅盤谷王朝之建設

甕籍牙王之征暹　自十六世紀末葉以來，緬、暹之戰爭史不絕書，然多邊境之爭鬥而已。一七五九年，緬甸甕籍牙王興師伐暹，由緬甸南部東征，敗暹兵，渡湄克隆河而東，近暹羅灣頭，離大城府不遠，忽患病，急班師，卒於中途，時年僅四十六歲耳。

莽紀覺王陷暹京　甕籍牙卒後，子莽紀覺卽位。一七六六年，興師伐景邁、南掌及老撾諸邦，皆收爲藩屬。乃移師征暹羅，一師自土瓦出發攻大城府，一師自清邁沿湄南河南下，會師於大城府外，圍攻之，暹人力拒，終不敵。一七七六年四月，城陷，暹王伊克塔(Ekatat)逃於荒野而死，王族皆爲俘虜，王城焚毁，阿踰陀王朝遂亡。

暹羅鄭昭之復國　緬兵陷大城府，暹羅全國紊亂，京畿爲緬兵所據，外省四分五裂，各疆臣佔地稱王。時有一英傑曰鄭昭者（Jak Sin）父爲中國人，母爲暹人，曾仕於暹廷，位至總督。時方據尖竹汶，崛起以恢復暹羅爲己任。率軍艦若干艘，溯湄南河而上，攻大城府殺緬將蘇格里(Sugyi)恢復舊京。因城垣殘破，乃遷都於統富里(Tanaburi)，卽今之盤谷也。暹人尊之爲王，年僅三十四歲，遣使至中國告捷，貢方物。次第削平諸部，統一全國，並征服眞臘。休養生息，崇信佛教，爲民衆所愛戴，暹史稱爲盤谷王朝之建設者。

盤谷王朝鳥瞰　自一七六七年，暹王鄭昭建都盤谷以迄於今，是謂盤谷王朝，傳王統者八世。此時期中，暹羅受英、法二國壓迫，國幾不保，因在二國均勢之下，得苟延殘喘。而暹人乘機效法歐洲，毅然革新，幸保獨立，爲南洋僅存之獨立國家，此令吾人特別注意者也。

鄭昭之末路　當鄭昭克復大城府時，適淸師攻緬，緬甸自顧不暇，不遑東顧。至一七六九年中、緬媾和，緬甸內顧無憂，復東侵暹羅，然非鄭昭之敵，無功而返。鄭昭晚年，忽患神經病，舉止錯亂，因爲臣下所乘，內亂忽起，捕昭而納之獄中。昭婿暹人丕耶卻克里(Pay Chakkia)方有事於柬埔寨，聞訊急趨回平內亂，宣言鄭王迷信太深，苛待人民，殺之以謝天下，年僅四十八耳。鄭昭爲人雄才大略，暹史稱爲暹羅君主中最有才幹之一人，一世之雄，結果如斯，良可慨也。

鄭華之事業　丕耶卻克里於一七八二年，繼鄭昭爲暹王，一稱拉馬第一（Rama I）即今王朝之祖也。* 曾入貢中國，自稱鄭華，謂係昭子。建王城於今地，在舊王城之對岸，改訂法典，一七八五年緬甸人寇，攻馬來諸邦，初得利，終無功而退。暹羅於緬甸兵退後，乘機擴充其勢力於半島，遠至吉蘭丹、丁加奴。終拉馬第一之世，緬甸屢侵土瓦及景邁，皆無功而還。當時柬埔寨、老撾皆在暹羅管轄之下。

* 卻克里王朝世系列下：

1782-1809 Phra Buddha Yod Fa Chulok(Rama I)

1809-1824 Phra Buddha Loes Da Nobhalai(Rama II)

1824-1851 Phra Nang Klao(Rama III)

1851-1868 Phra Chom Klao Maha Mongkut(Rama IV)

1868-1910 Phra Chula Chom Klao Chulongkorn(Rama V).

1910-1925 Phra Mongkut Klao Maha Vajiravudh(Rama VI).

1925-1934 Phra Paraminda Maha Prajadhipok(Rama VII).

參考書

W A. R. Wood——A History of Siam.

魏源——聖武記

李長傅——南洋華僑史

第十四章　安南與淸之交涉

鄭氏之專政　淸人關，一六七四年，黎嘉宗維禎伐高平，滅莫氏，入貢淸廷，受封爲安南國王。歷傳諸主，政權皆握於鄭氏之手，阮王擁虛位而已。

西山黨統一安南　阮氏據有廣南，滅占城殘部，置其地爲嘉定、邊和、安祥諸省，勢力大增。一七七三年有東京西山土豪阮文岳、文惠、文慮兄弟起兵號曰「西山黨」。攻廣南、陷順化，阮惠王死焉。其姪福政立，亦陷於敵。其弟福映卽位於亂中，改元嘉隆，時一七七九年之秋也。當時大越相鄭森擅政，森卒，子棟、幹爭權，幹乞師於西山黨。一七八六年，阮文惠帥師北進，陷東京，鄭棟自殺，黎朝遂亡。西山黨統一安南，文岳自稱帝，而使文慮統南圻，文惠統北圻，史稱新阮。

淸征安南　大越亡國後，其王黎維祁逃往中國，乞哀於淸廷。乾隆帝納維祁之請，命兩廣總督孫士毅督大軍，許世亨副之，兵號十萬，入安南，直抵東京，阮文惠遁走，士毅迎維祁，宣詔册封爲安南王。士毅志得意滿，册封告終後，尚勾留東京，思擒文惠以建功。一七八九年，陰曆正月，置酒高會，設樂宴飲，而阮文惠大兵忽至，事出倉卒，守兵不知所措。黎維祁挈家孥先走，孫士毅以近衛僅免，及渡富良江，急斷浮橋以拒追兵，而後至之清兵不得渡，提督以下數千人悉被殺。士毅由諒山直人鎮南關，閉關拒守。

安南入貢　乾隆帝得報大怒，褫孫士毅職。文惠既得東京，恐清廷再興問罪之師，遂遣使入貢，稱臣謝罪。其謝表之大意，以曩昔之役，非出本意，蓋勢出不得已，且已改名阮光平，請許爲東京王，清廷亦鑑於安南征服之不易，乃允其請，封光平爲安南王。

參考書

東華錄
魏源——聖武記
稻葉君山——清朝全史

第十五章　第一次英緬戰爭

阿羅漢交涉　一七八一年，緬王孟云(Bhodan Phra)*即位，一七八三年，興師伐阿羅漢，夷為緬甸之一省。阿羅漢與印度之哲地邦接壤，一七九四年有阿羅漢叛徒首領之人逃往哲地邦境，緬甸遣兵追捕之，印度總督派伊斯京(Ersking)軍往禦之，承認緬人捕三亂黨以去，緬人處以極刑。嗣後英國屢派使臣至緬商量英、緬交涉，皆不得要領而歸。孟云亦遣使至加爾各答要求英人將哲地邦之阿羅漢流民送還緬甸，英國亦不允。

*一譯孟隕。

緬甸之侵阿薩及曼列浦　孟云曾遣多數僧侶，至印度各地，藉口收集佛教經典，實則聯絡印度各土邦作反英之運動。那特拿、鹿克瑙、德列及班拿皆有緬甸僧侶之足跡。然在東印度公司嚴重壓迫之下，亦無效果。繼續其目標，而向阿薩姆及曼列浦二地。一八九一年，孟云既死，其孫孟旣(Bigyidow）立，繼承孟雲之政策，命馬哈邦杜拉（Maha Bandula）攻曼列浦下之，其土酋逃至喀查爾（Kachar），又攻阿薩姆一八二二年，夷為行省。阿薩姆土坎得拉坎他（Chandra Kanta）得英人之助，與緬抗，不利。退至英屬之哥華地（Gowhate）。緬將至加爾各答索坎得拉坎他王，印度政府拒之。一八二四年一月，緬甸出師，一自曼列浦，一自阿薩姆，攻喀查爾。當時有印度兵一隊，不敵而退，緬人繼進，英將寶文（Bowen）擊之，緬軍乃退卻。

紹浦里島問題　紹浦里（Shapuri）為一小島，在阿羅漢與哲地邦之界河納夫河（Na-of）河中，兩國爭執此島，由來已久。一八二三年，英國遣兵據之，翌年一月，緬甸又派兵據之，二國遂起衝突。因緬甸之侵印度，及紹浦里島問題，乃發生英、緬之役。

第一次英緬之役　一八二四年三月五日，印度總督阿摩斯特（Lord Amherst）向緬甸宣戰。五月十日，康拜爾將軍（General Sir Archibold Campell）與海軍司令康特（Commondore Grant）率師抵仰光海口，攻坎密敦（Kemmendine）六月十日下之，繼佔仰光，時英軍缺乏肉食蔬菜，食物皆自麻打拉斯及孟加拉運來，又在雨季，病者累累。當康拜爾佔領仰光時，哥德文上校

(Colonel Godwin)佔馬爾達班、士瓦及丹老。壢來特中校(Luvlenant Colonel Mallet)攻擺古。

一八二五年，緬甸軍隊之在阿薩姆、曼列浦、喀查爾及阿羅漢者，皆被逐去。擺古、馬爾達班、士瓦及丹老，皆在英人之手，緬甸乃集其全力於伊洛瓦底江以抗英軍。康拜爾率師叫攻東吁、卑謬及蒲甘，緬兵抵抗雖烈，然軍械缺乏，軍事知識薄弱，終非英國之敵，節節敗退。英軍遂進至楊達布(Yand ıbo)。距阿瓦僅四日程，緬甸不得已，作最後之降服。一八二六年二月二十四日，兩國訂楊達布條約，緬甸償英國一百萬金盧比，割阿羅漢、阿薩姆、曼列浦及地那悉林各地與英。先償款二萬五千金盧比，待償清後英軍退出仰光。是役也，英國之出兵費不下五百萬鎊，死傷人士凡四千，其死於疾病者多於戰死者焉，是謂第一次英緬之役。

參考書

G. E. Harvey——History of Burma.

J G. Scott——Burma

田中萃一郎——東邦近世史

高桑駒吉——東洋近代史十講

第十六章　法蘭西侵略越南之初期

嘉隆王向法乞援　嘉隆王(Gai Long)阮福映自廣南滅亡後，屢思恢復皆無效果，乃逃往暹羅富國島。時有法國安南傳教士悲柔(Pigneau de Behaine)者，思擴充法國之勢力，乃乘機勸嘉隆王求援於法。一七八七年，悲氏乃偕王子景叡（年甫六歲）往巴黎，乞師於法王路易十六，其書曰：『上國乃富強大國，下國地勢褊小，又相懸隔，但深信陛下必能諒我誠悃，輒從悲柔神父之請，惠望上國之一助。茲僅委悲柔送王子齎國璽赴上國求援，下國知陛下仁慈，必能俯允王子之請，料不數日卽可發援軍與王子同來也，盼望之至』云云。時歐洲七年戰爭甫終，法人喪失其海外之重要殖民地，故極願由此擴充其東方勢力。當時卽由悲柔全權代表，結法、越攻守同盟條約，法國擔任出軍艦三十艘，歐洲陸軍五隊，殖民地陸軍二隊，及軍餉軍械。在阮氏方面則擔任構造軍艦十四艘，供應一切餉需，官長盡由法人充之。又許法國在安南之領事裁判權，全國之伐木權，法國派海軍一隊，水駐南圻，割會安港及崑崙島與法。又一旦法國與英國有事於印度及後印度時，越南准供給陸軍六萬人及承認法國得招安南軍一萬四千云。此約成立後，並未實行。不二年，法國又起大革命，悲柔、景叡歸西貢。

嘉隆王之復國　嘉隆王在暹羅，日以恢復國土爲己任，且盼法軍之來援，並使其信臣莫敦等奪回西貢。悲柔之東來也，時當法國大亂，僅得志願的軍官二十餘人，行至印度法屬地本治地里，說法國總督借軍艦二艘至西貢與嘉隆王會。法國援兵雖少，然爲嘉隆王大張聲勢，遂進克歸仁港，未幾阮文惠卒，子弘瑞立，舊阮兵取平順、衙莊。新阮勢力日蹙，弘瑞廢文岳，殺文盧。一七九九年，福映遂北攻順化。一八〇二年陷東京，殺弘瑞及新阮十族，統一全越，自號安南王。同年十二月，遣使至北京陳告，請以南越名國。嘉慶帝以古南越包有兩廣，不肯，易名爲越南王。定二年一貢，四年一朝之制。福映自稱大南皇帝，定萬世一系之制，置文武兩大臣曰大政官、大將軍，分六部，後又置外交部，又仿法制與海軍，置水師提督，分全國爲三十六省，各設行政官一人。卒於一八二〇年。

法侵安南及第一次西貢條約　嘉隆王卒後，子福晈嗣位，稱明命王。一八三一年，法國遣使至越，求踐巴黎之約，明命王置不理。一八四〇年，紹治王時，法國以安南虐待教士爲名，遣命攻會安，大敗越兵而去，自是越人吏恨法國。嗣德王（Ju Duc）即位後，更多虐待法教士之舉。一八五八年，法軍與西班牙軍聯合攻越南，佔會安，繼而強襲西貢，擬取之爲作戰之根據地，但因兵力不足，祗得取守勢，反爲安南主將阮知方所封鎖，待一八六一年二月夏爾利（Charnier）提督率援軍抵西貢，始擊退安南軍，佔領美荻（Mytho）。時北圻有黎興者，率大主教徒作亂，與法國響應，嗣德王不得已，遣潘淸簡、林維義二人至西貢，與法國訂媾和條約，其內容大要如下。

（一）安南政府當保護基督教徒不得虐待之。

（二）割南圻三省（邊和、定祥、嘉定）及崑崙島（Polu Condore）與法。

（三）法國之軍艦及商船，得自由航行於湄公河及其支流。

（四）安南允開沿海之會安與廣和爲商埠，准法國與西班牙通商。

（五）安南政府賠法國償金四千萬元。

此約爲安南對法國割地賠款之始。一八六七年，法又宣布吞併南圻之永隆、江安、河僊三省，*

於是南圻之全境，竟爲法所有。

＊此三省據一八六二年條約，在法國統治下保留越南之主權。

法國柬埔寨保護條約　柬埔寨即古眞臘，表面上雖爲暹羅之藩屬，實際與獨立國無異。一八六三年，法國水師提督噶爾蘆(Dele Crandiere)乘機游說柬埔寨羅東士(Norlon)與法國訂富東(Houdong)條約，承認爲法國之保護國。暹羅向法國抗議，法國置不理。一八六七年，法暹條約，暹羅承認柬埔寨爲法之保護國，法國承認舊屬柬埔寨之巴丹孟、安谷爾二省爲暹羅領土。

參考書

田中萃一郎——東邦近世史
稻葉君山——清朝全史
高桑駒吉——東洋近代史十講

第十七章　暹羅與英國之交涉

拉馬第二與英國　拉馬第一於一八〇九年逝世，其子嗣位稱拉馬第二，曾入貢中國，表稱鄭福，即位之年已四十一歲，長於軍事知識。一八一〇年，緬甸又征馬來半島，即被拒回。一八二一年，暹羅軍遠征馬來半島之吉打，破其軍，吉打蘇丹逃往檳榔嶼。暹羅更南下征霹靂與雪蘭莪交兵，值軍勢不振，乃戢兵由宋卡回盤谷。此次遠征引起英國人對於海峽殖民地之注意。印度政府，遂於一八二二年三月遣克羅福德（John Crowfurd）至盤谷，謀結英、暹通商條約，然未得具體之結果而去。

拉馬第三之閉關政策　拉馬第二於一八二四年逝世，王子嗣位稱拉馬第三。即位之初，懼外國勢力之侵入，抱閉關主義，禁止外人收買暹羅土地及外人自由旅行。然大勢所趨，不得不與外國發生國際關係。一八二六年，英國遣巴奈上校（Captain Henry Burney）至盤谷，與暹羅結通商友好條約，討論吉打問題。結果，英國承認吉打爲暹羅之領土，暹羅承認英國在丁加奴、吉蘭丹自由通商，不得加以任何之限制，是爲暹羅與外國結不平等條約之始。一八三三年，美國遣勞伯特（Edmund Roberts）來暹結通商條約。然拉瑪第三始終抱守國權主義，對於英、美二國在暹自由通商，及設立領事之要求，皆不許可。

拉瑪第四及英暹正式條約之成立　拉瑪第三卒於一八五一年，其弟嗣位，稱爲拉瑪第四。彼爲有才幹之君主，善操英語，佛學造詣亦深。因在列強壓迫之下，不得不與外國訂商約，而承認外人之特殊權利。一八五五年，英國派香港總督寶林（Sir John Bowring）至暹，受暹羅政府之優待，翌年結正式英暹條約。暹羅承認英國在暹有自由居住、通商之權，及領事裁判權，關稅協定。翌年法、美二國及其後丹麥、葡萄牙、荷蘭、德國皆根據英暹條約，與暹羅定約，獲得同樣之利益以去。直至一八九九年之暹俄條約止，七十餘年間，暹羅與外國締結不平等條約者共十五國之多云。

參考書

W. A. Graham——Siam.

W. A. R. Wood——A History of Siam.

山口武——暹羅

第十八章　中法戰爭及越南之滅亡

紅河航行之交涉　一八六二年西貢條約，法國之獲得湄公河航行權也，思由湄公河而達中國。一八六六年，法國遣海軍提督安業（Garnier）試航湄公河，欲探入中國之路，無效。時雲南回亂，提督馬如龍討之無功。有法商杜普威（Dupuis）說馬如龍，法國可以軍械接濟之。然由長江至雲南，道路遼遠不便。因別求捷徑，知紅河可由雲南通東京灣，乃歸說法國由紅河而通雲南。一八七二年，杜普威自河內赴雲南，安南官吏阻礙之，經種種困難，始抵目的地，交軍械於馬如龍，備受清吏之歡迎。杜普威歸來時，決意耀武於東京，以精兵五百出現於河內，安南人不能忍，向西貢法政府抗議，要求撤退杜普威之兵隊。西貢總督允之，命安業率戰艦二艘至河內解決杜普威問題，安業至河內與杜普威遇，決計藉此擴充法國在安南之勢力。急提出要求，命安南開放紅河，安南不允，安業攻河內，下之。繼攻北寧、海陽、南定、寧平等地。時有黑旗軍者，爲洪楊餘黨，洪楊敗後，逃至北圻，據北寧、大寧等地，安南官吏向之乞援。黑旗軍首領劉永福乃率兵攻法軍，安業戰死，西貢政府乃命杜普威退去。

第二次西貢條約　安業戰死，西貢政府向安南提出交涉，一八七四年結西貢條約，其要點如下：

（一）法國承認越南國王係操自主之權，並不遵服何國。越南若有內患外寇，國王一有請援之舉，法國立即隨機援助。

（二）越南王現割與法國之南圻六省，確認法國有完全管理之權。

（三）越南允許法國開放紅河各國商船得自由航行。又在北圻開商埠三處，得置法領事，並駐一百名以下之衛兵。

此約越南承認法國之紅河航行權，領事裁判權等。草約並有越南受法國保護字樣，因安南代表之力爭取銷。然玩其語氣，地位與保護國相等，而名義上所謂獨立者，乃脫離中國之關係，為一種侵略之手段，日後日本之侵略朝鮮，即師其成法也。

北圻之戰爭　一八八〇年，法國根據一八七五年條約，駐衛兵各百人於海防、河內，同時又駐兵一中隊於順化及會安。時黑旗黨首領劉永福駐北圻境，勢力甚強，安南恨法人之強暴，乃與黑旗軍相結納，思藉之驅逐法人，任永福爲三省提督，盛修兵備，法國大驚。一八八四年二月，遣李威耶（Henri Bivie'ro）至北圻，四月二日至海防，更進至河內，於河內附近布置軍備，突向安南官吏提出要求，命北圻之黑旗軍一律出境。安南官吏不允，李威耶卽轟擊河內城而下之，越將黃崇英自殺。尋又拔南定府，永福乘機攻河內，李威耶戰死。其死處距安業之死處不過百餘米，亦云巧矣。

保護條約之成立　法國見北圻戰事不利，乃改變方針，突攻順化。時嗣德王崩，國內起繼嗣之爭。法將孤拔（Courbet）率軍艦七艘至順化，陷之，迫結順化條約，時一八八三年也。此約由哈爾曼（Harmand）主持，故一稱哈爾曼條約，其內容如左：

（一）安南自認爲法國之保護國。

（二）割讓平順省。

（三）法國設兵備於安南各要隘，且於紅河沿岸設哨所。

（四）順化府及其他大小都府，法國皆設官駐紮。

（五）下列各件，皆受駐紮官之監督：

（甲）大市之警察。（乙）稅務。（丙）自平順省北境以迄北圻一切官吏，及東京城內之大小官吏。

（六）下列各件，法國駐紮官全權執行之。

（甲）外交事務。（乙）稅關事務。（丙）內外交涉之司法事務。

（七）增開三港爲通商口岸。

（八）開西貢、河內間之道路，且架設電線。

中法戰爭　據哈爾曼條約，安南完全爲法之保護國，然尚有一問題在，即安南乃中國之藩屬也。當一八七四年條約，中國提出抗議。一八八二年李威耶據河內時，中國復向法國交涉。駐法公使曾紀澤向法政府抗議，求撤退北圻之法軍，法政府不允，其軍事進行如故，並宣言欲占領山西、北寧、興安。一八八四年二月，法軍二萬五千至東京，時中國派兵二萬駐北圻。三月兩軍衝突於北寧，中國軍隊退至興安，法軍追圍之，九月據北寧，中國軍隊退至紅河上流。李鴻章與法國海軍總兵福祿諾

（Fournier）在天津立約，由中國政府撤退北圻之軍隊。迨法軍前往接收諒山時，中國軍隊未接到中央命令，拒之，法兵死傷殊多。法國遂以違反條約爲口實，向中國索賠款，中國不允，戰端再開，法國水師提督孤拔率艦隊攻臺灣，近逼基隆，不克，轉攻福州，入閩江，破毀馬尾，而孤拔亦中彈死。*北圻之法軍，入鎮南關，提督馮子材大敗之，法司令來古里（De Nogior）負傷退卻，中國軍乘勝迫至諒山，以大捷聞。消息傳至法國，法內閣總理茹費理（Ferey）因之辭職，曾紀澤由巴黎電呈中國政府，請勿議和。然李鴻章力主和議，與法公使重訂和約，於一八八五年訂天津條約，其大要如下：

（一）中國承認法國與安南所結之順化條約。

（二）開老開、諒山爲商埠。

（三）法兵之在基隆、澎湖者均撤退。

（四）中國南部如築路時，須聘用法人。

自此以後，中國與越南遂完全脫離關係。

*或云憤死。

法國印度支那之完成　一八六七年，法、暹交涉，暹羅承認柬埔寨爲法之保護國，法國則承認永不將其他地併入南圻，幷承認巴丹盂、安谷爾二省仍歸暹羅。一八八四年，法國與柬埔寨王立約，承認法國之種種特權。一八九三年，法國以軍艦封鎖暹羅之盤谷港，強迫暹羅割老撾地方於法，卽今法屬印度支那之全境也。法屬印度支那之政治組織，南圻爲殖民地，餘四部爲保護國。安南、柬埔寨及老撾仍有國王，然實權操之駐紮官之手。印度支那總督駐東京，副總督駐西貢，而廣東之租借地廣州灣，亦列爲印度支那之一部。

參考書

田中萃一郎——東邦近世史

稻葉君山——清朝全史

高桑駒吉——東洋近代史十講

第十九章　第二三次英緬戰爭及緬甸之滅亡

孟坑王與英國交涉　一八三〇年，英國派巴奈(Major Burney)爲緬甸駐紮長官，不得緬甸政府之優待。一八三八年，遣賓孫(Colonel Benson)繼之。前此一年，孟旣爲其弟孟坑(Tharawaddi)所廢而繼其王位。不承認賓孫爲英國駐紮官，宣言其兄與英人所結之條約，概不承認，賓孫遂退至仰光。一八四一年，孟坑親至仰光，思恢復阿羅汗及地那悉林二省，見勢不可能，換瑞大光塔之鍚而還。晚年兇暴更甚，漸失民心，爲其子幽禁而死。

仰光事件　孟坑卒，長子蒲甘王嗣位，庸暗無能，以犬馬賭博自娛，國事混亂，讒臣跋扈。仰光總督孟屋(Mawn,ok)貪婪暴虐，苛待英國商人，嘗捕英國之船主及水手入獄，科以罰鍰罪。英商訴之印度總督，印督派海軍司令蘭白爾特(Lambert)乘福克斯號(Fox)及戰艦地那悉林號至仰光，與孟屋交涉，提出種種之要求，孟屋不允，交涉破裂。蘭白爾特乃貽書蒲甘王，限三十五小時答覆。

緬王回書，一如英人要求，優待英商，撤換仰光總督，惟同時增兵於仰光、勃生、馬爾達班等處。一八五二年正月五日蘭白爾特前往晤仰光新總督，會商事件。新總督以睡眠爲辭，疏待之。蘭白爾特大怒，立奪河內之千船，要求一萬盧比之損失賠償及仰光總督之謝罪狀，緬甸不答。英人乃發礮轟仰光，封鎖港口，二次戰端遂開。

第二次英緬戰爭　一八五二年三月十五日，英國下哀的美敦書於蒲甘王，王不答，第二次英、緬戰爭遂開。英國哥德文將軍（Godwin），率軍八千一百八人至，蘭白爾特率軍艦十九艘，水兵二千五百人，五月十二日攻仰光，緬人力守，劇戰三日下之。英將亦有多人死於此役，又當時天氣炎熱，溫度高達攝氏四十三度，英軍死於炎熱者亦不少。繼攻擺古、勃生等地，緬人已無力抵抗，皆隨手而下。時緬甸政變，蒲甘王被殺，其弟明敦王（Mindon）嗣位，有希望媾和意。英國遂遣勃來上校（Captain Phayre）前往緬京，於二月二十日訂約，割擺古省與英。於是下緬甸完全割棄，僅保有上緬甸而已，故當時有獨立緬甸與英屬緬甸之稱。

明敦王之政策　明敦王於一八五七年建新都於蠻德勒，爲緬甸王國最後之都城，明敦王好佛道，畏英人不敢與較。一八六二年，與英結通商條約，許英人以種種商業上之特權，又特許英人以領事裁判權，曾遣使至印度及歐洲與英人敦友誼。故終王之世，英、緬得相安無事。英人稱爲緬甸愛和平而最光明之主云。

緬甸最後之君　明敦王卒後無嗣，諸王爭位。王后阿尼蘭道(Alenandaw)操國政，立體保(Thibow)爲王，以公主鮮巴耶納(Supaya-lat)妻之。體保爲傀儡，國政操之太后及王后之手，殘殺諸王子，死者七八十人。英國駐紮官蕭氏(Shaw)藉口干涉，聚重兵於仰光，戰釁之起，間不容髮，適英政多故，戰爭暫未爆發。

法緬之結合　時法侵安南已告成功，思進而西侵緬甸。緬甸因苦英國之壓迫，亦思結法以抗英。一八八二年，緬王遣宇岸(Ugang)至巴黎，與法國訂邦交。一八八五年，法國遣領事隆克爾(De Lonele)至蠻德勒，與緬甸立約，自蠻德勒至東吁之鐵路，由法款興築，以內河捐稅及煤油稅爲抵押品。設法緬銀行，由法、緬兩國共同管理之。

孟買緬甸公司事件　法國意外之侵略予英人以大恐慌，急思處置緬甸之方法。適有英商孟買緬甸公司者，與緬王訂立採取柚木之合同，後忽違約，緬王科以二百三十萬盧比之罰金，孟買緬甸公司上書於印度總督杜佛林(Lord Dufferin)。印度總督忽下哀的美敦書於緬甸，要求三條件，(一)英國派一專使至緬甸，緬王應敬禮接待之。(二)孟買緬甸公司事件，須由英國公使辦理。(三)英國派一外交官駐於緬廷，而緬甸以後之外交事務，須歸印度政府辦理。緬王之答復，不滿英國之意，而三次戰端遂起。

英緬第三次戰爭及緬甸之滅亡　一八八五年十一月十四日，英國勃蘭德中斯特將軍（Prendergast）率伊洛瓦底及喀斯尼（Kathleen)二艦，溯伊洛瓦底江而上。十六日攻明拉(Minhla）略有劇戰，緬甸守兵五百人半降半逃，英軍死者僅三十六人。二十三日取蒲甘，二十五日取敏建(Myingyan)一路勢如破竹。二十七日至阿瓦，緬王遣使來乞降，阿瓦市內外有緬兵四五千人，皆揚白旗無抵抗之意，英軍入城取其軍械。十八日入國都，見緬人共有十五萬，無一人現敵愾心者。英兵捕緬王緬后及其從人，而緬甸遂亡。自英人出師以迄京城被陷，國主被囚，僅二周而已。世界亡國之速，鮮有比者也。十二月二十八日英軍取八莫，於是全伊洛瓦底江在英人之手，然其餘各省倘未完全降服。一八八九年各地反英之運動四起，然無組織，無統系，烏合之衆，何濟於事，終爲英國所戡定。而欏部、親部及開親地方亦次第爲英國占有。體保王爲英人送往麻打拉斯，繼移至納拉治里（Ratnagiri）卽留於此，卒於一九一六年。

緬甸亡國後之中英交涉　緬甸滅亡後，中國以宗主國之名義，向英國交涉，一八六六年，英國允許緬甸仍舊例十年入貢中國一次，然後並未果行。繼而中英會勘滇緬邊界，一八九四年，中英會議，英國允將孟連與江洪歸中國，惟以不許割讓他國爲條件。後中國將江洪之一部劃歸法國，英國乃藉口推翻舊約，佔領中國雲南邊境太平河及怒江一帶地。一九一一年，又進據片馬地方，一九一六年，又進據江心坡地方，交涉至今未決。

參考書

J. G. Scott — Burma　G. E. Harvey — History of Burma
田中萃一郎 — 東邦近世史　高桑駒吉 — 東洋近代史十講

第二十章　法英之侵略暹羅

抽拉隆公之大志　一八六八年，拉馬第四卒其子抽拉隆公(Maha Chulalaghorn)嗣位，是爲拉馬第九。卽位時年僅十五，幼受泰西教育其思想甚進步洞悉國際情形，有改革暹羅之志願。一八七一年遊歷爪哇及印度，考察英、荷之政治以爲革新暹羅之預備，一八八五年廢去副王之制度，一八八九年又下令廢止奴隸制度此二種制度自開國以來因襲至此，歷代帝王，保守不渝，而拉馬第五毅然廢止之，其革命勇敢之精神，亦大可欽佩矣。

老撾問題　當抽拉隆公卽位之時，英、法兩國已分據越、緬。暹羅界兩大之間，其爲英、法所矚目，可無待言。而法、暹之交涉，首啓其端。法國佔領安南後卽向暹羅交涉，要求湄公河東岸之老撾地方，謂其地嘗爲安南及柬埔寨之屬國也。暹羅拒之，以其地爲暹羅之附庸由來已久。兩國相持不下，而法國、越南之野心政治家，竭力宣傳，謂法國非得老撾，不能統治安南，遂於一八八八年，公然向暹羅提出湄公河東割讓之要求。暹羅提出劃東部爲中立地帶，法國亦不滿意。交涉醞釀，一八九三年三月一日法國宣告採取最後之手段，遣陸軍佔領下老撾地方。暹羅提出交歐洲第三國裁判，法國不答。

法國之軍事行動　法國旣佔老撾，六月又藉口靑甲（Kiang Chek）地方，法國代理官格羅斯苦林（Grosqurin）爲暹人刺殺，卽派艦隊佔領暹羅灣東岸諸島，消息傳至盤谷，暹羅全國大起恐慌。時有法國軍艦一艘泊盤谷，暹羅因禁止再有法艦入口，法國則利用條約有對於百欖口有自由往來之權利。七月十三日夜，法國以二軍艦與百欖口之礮臺開火，突入盤谷，與前艦相合。是役也，法國失水兵二名，傷三名，暹羅死八名，傷四十一名。

法國封鎖盤谷及暹羅之屈服　七月二十日，法國送最後通牒，要求老撾及柬埔寨之權利，索償款二百萬法郎。暹羅仍以提交局外國裁判爲詞。七月二十七日，法公使率軍艦退出盤谷，駐於百欖口外之科世昌島，宣言封鎖盤谷。七月二十九日又宣言封鎖東海岸。當時暹羅無海軍可言，實力上萬不能敵法國，不得已受英公使之勸告，爲無條件之承認。八月二日，法國撤退封鎖。十月十三日，法、暹條約成立，暹羅割湄公河東岸地與法，償法國軍費三百萬法郎，割湄公河西部二十五里及巴丹孟、安谷爾二省為中立地，不得設施武裝。

英法之暹羅協商　英國見法國在暹羅勢力之擴充，恐與英國緬甸利權衝突。一八九六年，英、法協商以湄公河為中立地帶。其薩爾溫河東岸及馬來半島北部，為英國勢力範圍，暹羅之東境，巴丹孟、安谷爾、柯叻諸省為法國勢力範圍。暹羅在兩大均勢之下，而得幸保獨立。繼以德國勢力之侵入，引起英、法二國之杞憂。一九〇四年，兩國又立約，以湄南河為兩國勢力之界線，河以東屬法，河以西屬英。暹羅之地，成英、法瓜分之局，國運之危，不絕如縷。

參考書

山口武——暹羅
王又申譯——暹羅現代史
H. A Gibbons——The New Map of Asia.
Steiger, Beyer and Benitez——A History of the Orient.

第二十一章　暹羅之維新及革命

抽拉隆公之維新　抽拉隆公英主也，因在法國武力壓迫之下，不得不忍恥負辱，割地償款，作城下之盟，蓋知非革新不足以圖自存，一八九七年親赴歐洲遊歷，受各國政府之優待，多齎新知識而歸盤谷，聘用外國顧問，力謀革新。設郵電、築鐵路、改訂法律、練新式海陸軍、興教育、派學生至歐、美留學，百廢俱舉，國家事業，煥然一新。

英法領事裁判權之收回　一九〇八年，暹羅割巴丹孟、安谷爾二省與法，一九〇九年，割馬來半島之吉打、吉蘭姆、丁如奴、巴里士四邦與英，以作收回兩國領事裁判權之交換。論者謂上列諸地，雖名義爲暹羅領土，在實際上統治權並未達到，不如捨棄名義，以圖實在之權利。然割土地以收回不平等條約中允許外人之特權，殆亦爲不得已之舉歟？

抽拉隆公大王　拉馬第五在位四十二年，於一九一〇年逝世，年五十八歲。彼爲暹羅維新之英主，猶之日本之明治天皇，在英、法二國瓜分局勢之下，能自拔而保持獨立。植暹羅振興之基，亦亞東之英主矣。暹人稱之曰抽拉隆公大王。暹羅君主之稱大王者，僅有三人，一、速古臺王朝之拉瑪摩項，二、阿踰陀王朝之丕耶納禮，與盤谷王朝拉馬第五而已。

拉馬第六加入歐戰　一九一一年瓦位喇武(Maha Vajiravuak)嗣位，為前王之子，稱拉馬第六。彼於幼時留學英國，歐化甚深，承前王維新之業，進行新政。一九一七年，參加歐戰，入協約國，沒收德國戰艦九艘，翌年六月，派陸軍二千人，參加歐洲西戰場，一九一九年和平後始行歸國。巴黎凡爾賽和會，派代表夏龍親王出席，所得之利益：(一)所有德國與暹羅所訂各種條約，及領事裁判權，均於一九一七年七月二十二日斷絕，嗣後不再發生效力，(二)德國官有產業除使館領館各房屋外，一律讓於暹羅，不復給價。(三)德人私有產業則依講和條約中之經濟條款處置之。(四)德人對於船隻之被扣留或充公，與財產之被清理，人民之被幽禁者，不得向暹羅有所要求。在拉馬第六王朝，暹羅與英、法、美、日及其他各列強，重訂平等之條約，外國在暹之各種特殊利益，至此完全取銷，暹羅稱為完全獨立國家。

拉馬第七與暹羅革命　拉馬第六卒於一九二五年，其弟淑柯泰（Prayadhipok）嗣位，稱爲拉馬第七。前王好奢侈，入不敷出，負債纍纍。拉馬第七一反前王所爲，裁冗員，節國用，因此亦無大建設可言。一九三二年六月二十日，盤谷發生革命，由陸軍發難，改君主專制爲君主立憲政體，迫暹王之承認，政權由王族而入軍人及急進派之手。王黨不服，驅逐急進派首領帕拉提特出國，停止憲法。但翌年軍人派崛起，推倒王黨，主張變更憲法之巴何耳起而組織革命第二次內閣。一九三四年巴何耳於國會中通過限制國王對於死刑特赦權法案，拉馬第七憤而去英國，宣布退位。一九三五年王姪阿南大（Anada）嗣位，年僅十一歲，由內閣組織之攝政團，掌理政事。

參考書

王又申譯——暹羅現代史
山口武——暹羅
東方雜誌

第二十二章　結論

史期之區分　後印度史之概要已如上述，茲將各國之興亡，依年代總括之，以作結論。第十世紀以前爲上古時代，是爲建國時期。自十一世紀至十五世紀，爲中古期，是爲興盛時代。自十五世紀以迄現在，爲近古期，是爲衰亡時代，茲分述如下：

建國時代　半島各國之開國史，據各國之編年史所載，常迴溯至紀元前若干年。其紀載固多神話，無可稽考，然亦可窺見其種族沿革之由來。如安南史自謂源出中國，緬甸史自謂係印度王之後。其言與印度支那人種學者之說，頗可參證也。若言信史，則半島各國中以安南開闢爲最早，至遲在紀元年前三世紀已隸中國。較安南爲遲者，爲占婆、扶南、阿羅漢等，占婆與阿羅漢之立國，始於第二世紀，扶南開國之確實時期，頗不可攷，而五世紀時已甚興盛矣。緬甸之開國，至遲當在第七世紀，列國中以暹羅之歹族建設爲遲，其前身爲南詔國，則建於第七世紀也。又第七世紀時，眞臘代扶南而興，卽今柬埔寨之前身。第九世紀時，歹族建國於暹羅北境。而安南則於十世紀離中國獨立，然名義上猶認中國爲宗主國也。上古文化之來源分二大系。（一）印度文化，由印度而緬甸而暹羅而眞臘，初爲婆羅門教，繼爲佛教。就現在歷史家發現之遺跡觀之，其傳入之早在紀元以前。（二）中國文化，早傳至安南。以政治及文化之觀點而言，安南之歷史與其屬於「南洋史」之範圍，不若屬於「中國史」之爲當也。

此時期就經濟上之立場言之，可稱爲自然經濟之範圍時代，對外交通海路由波斯船、錫蘭船、崑崙船*通中國。陸路由伊洛瓦底江經永昌徼外諸夷通中國。貿易權操之富商及地方官之手。

* 參照拙著南洋華僑史。

興盛時代　自十一世紀至十三世紀，各國建國之基礎已立，名王迭出。如阿奴拉他王之統一緬甸，宏興佛教，李朝聖宗之征占城，與華化，室利因他拉蒂之建設速古台王朝，拉嗎摩項士之擴充暹羅領土，改造暹羅文字，皆足稱者。第三世紀之中葉，蒙古帝國興起，勢力南侵，首滅南詔，繼數征緬甸、安南、占城。半島之上，屢見蒙古鐵騎之蹤跡，眞臘及暹羅亦稱臣入貢焉。十四世紀時，暹羅之速古台王朝，改爲阿踰陀王朝。緬甸曾爲撣族所佔領，不久復爲緬甸族所恢復。十五世紀之初，安南曾一度爲明之郡縣，然不久亦獨立。

此時期中，乃半島之鼎盛時期，各國國家之基礎已確立，政治文化，已有規模。其中雖有蒙古武力之侵入，然於歷史上無甚影響。

此時期就經濟之立場言之，爲貨幣經濟之進展期，同時海外貿易亦隨之進展。大食(Arabian)商人之向中國經商，此爲中繼地方。中國沿海城市發展，貿易權操之政府之手。

衰亡時代　此時期以前，與半島發生國際關係者，僅中國、印度及南洋諸國而已。自十六世紀以來，歐人東漸勢力及於半島，乃由東洋史之範圍而進入世界史之範圍焉。自十六世紀以迄十八世紀，歐人之東來者，以葡萄牙人爲最先，荷蘭、英、法繼之，以經商傳教爲目的，雖或加入政治之活動，終以半島各國爲有組織之國家，不若侵略馬來西亞諸國之使易也。自十六世紀至十八世紀，緬甸數侵暹羅，滅其國者二次，然不久仍得復國。第二次暹羅王鄭昭復國後，由大城府遷都至盤谷，是爲盤谷王朝。第十八世紀，安南因內亂，緬甸因通商問題，引起清軍之征伐，其結果中國幷無權利獲得，所得者不過宗主國之名義而已。暹羅亦同時自認爲中國藩屬。十九世紀以來，歐人之侵略半島，已告成功。法滅安南、柬埔寨，英滅緬甸，暹羅界兩大之間，備受壓迫，幸於均勢之下發奮維新，得保獨立。

總之，此時期中半島由繁盛而入於衰亡。越、緬亡其國，暹羅雖然在兩大均勢之下，幸保獨立，而疆土去其三分之一，亦大可憐矣。

此時期就經濟之立場言之，所謂「葡萄牙商船形式之西歐資本主義時代」。* 歐人東來，大食人商權沒落，西歐資本主義之經濟，在商品販賣，原料獲取資本之投放三大目標下，使半島殖民地化。

* 借用日本秋山謙藏之語（見室町初期暹羅爪哇渡來事情）。

下編　馬來西亞

第一章　馬來西亞人種之淵源

小黑人（Negritos）屬尼格羅系，皮膚黝黑，軀幹短小，文化低下，爲馬來西亞之原住人種，今尚殘留於馬來半島及菲律賓羣島之內部。其在馬來半島者曰石芒人(Semang)、沙垓人(Sakai)，在菲律賓者曰海胆人(Aetes)、馬格顏人(Mangyan)，在歷史上無甚建樹。

巴布亞人（Papuan）屬米拉尼西亞系，毛髮拳曲，知識更低，野蠻異常，居紐幾尼亞、摩鹿加及小巽達羣島之一部，與歷史上毫無關係。

原馬來人（Primitive Malayans）一稱印度尼西亞人（Indonesians）居仟婆羅洲、蘇門答剌、西里伯、菲律賓等島，種類頗多，其在蘇門答剌者曰沓答人（Bataka），在西里伯者曰都拉加人（Toradjas），在摩鹿加者曰阿爾弗人（Alfuras），在婆羅洲者曰勞仔（Dayake），在呂宋者曰乙莪羅地人（Igorots），文化低下，迄今猶未臻開化之域，甚至有殺人馘首者，在南洋史上亦無甚地位可言。

馬來人　或譯巫來由人，簡稱巫人，爲馬來西亞史上之主人，* 含有蒙古血統。其居住馬來半島者，統稱馬來人，在荷屬東印度者，曰爪哇人、巽達人、馬都拉人、峇厘人、蘇門答剌人、亞齊人、望加錫人，武乞人（Boegis），在菲律賓者曰蘇祿人、菲律賓人。其來源不詳，土人自謂出自蘇門答剌中部高原之湄南加保（Menagkabau），甚至於謂係亞歷山大王之後裔，蓋神話之附會而已。人種學者之說亦各執一詞，最有力之說，謂來自後印度之占婆及眞臘云。此民族先後受中國及印度之文化，知識較其他三族爲優，曾建設室利佛逝、麻喏八歇及滿剌加等國，均稱古代南洋之大國云。

* 馬來人係好移動之民族，分布頗廣。據德國史家海爾蒙德（Helmolt）之研究，其移動之蹤跡，可分三次。第一次由馬來羣島向北，經台灣，達日本，今台灣之蕃人卽係馬來人，而日本之混有馬來血統，亦爲人種學者所公認。又中國南部沿海亦有馬來人移住之痕跡可尋焉。第二次向東至太平洋之米拉尼西亞民族諸島，而澳洲及紐絲倫，亦有馬來族移住之神話留傳。第三次越印度洋移殖於馬達加斯加島，並至非洲東海岸。大概紀元前一千年馬來民族之分布，已

東自亞美利加海岸，西迄非洲大陸，其蔓延之廣，殆占地球三分之二云。

參考書

呂金錄譯——馬來羣島遊記
R. O. Winstedt——Malaya.
J. Forman——Philippine Islands.
黃素封——科學的南洋
H. F. Helmolt——Weltgeschichte.

第二章　印度婆羅門教之傳入及室利佛逝王國之建設

印度文化之初傳入　馬來西亞在紀元以前，人民文化甚低，依漁獵爲生，無秩序，好私鬪，信仰自然現象崇拜動物，惟爪哇已知種米用鐵，殆已達農耕之階段矣。至紀元之初，印度人東來，傳入印度文化宗教美術農業及各種生活，皆受印度文化之薰沐。據我國古史以及考古家研究之結果，在第一世紀時，南印度之勃拉發（Pollava）王朝*在南洋之殖民地凡有六處：（一）柬埔寨殖民地。（二）蘇門答刺渤淋邦流域。（三）蘇門答刺之詹卑附近。（四）中爪哇。（五）東婆羅洲。（六）馬來半島今吉打（Kedah）附近，此等地方均爲婆羅門教之殖民地，其酋長及領袖之姓名多用勃拉發之名稱焉。**

*印度半島之南部大概自紀元前一千年直至回教徒征服時代，凡歷王朝者三；曰邦打耶（Pandaya）曰勃拉發，曰注輦（Chola）。

**據中國史乘所載，林邑、扶南國王姓氾，葉調（爪哇）王姓偪，費瑯氏(Ferrand)謂均係印度化王號 Varman 之省稱。

婆羅門教與佛教之興替

印度文化之傳入馬來西亞，其影響最巨者，厥惟宗教。自印度初傳入之宗教，爲婆羅門教，繼傳入者爲佛教，偕印度人之足跡而同至。以爪哇及蘇門答剌爲盛。中國高僧法顯於四一四年經耶婆提*（爪哇），謂其地外道婆羅門興盛，佛法不足言。外道者指異達人，信拜物教，婆羅門指婆羅門教徒也。佛教大約自第七世紀傳入，八、九世紀而大盛，遂奪婆羅門教之地位。蓋婆羅門教分四階級：一曰婆羅門，爲僧侶階級。二曰刹帝利，爲貴族階級。三曰吠舍，爲平民階級。四曰首陀羅，爲奴隸階級。士人之信教者，大抵屬於首陀羅階級，深受上三階級之壓迫，故一旦佛教傳入，以平等慈悲爲教旨，皆喜而信奉之也。

*中國人及歐洲人得知爪哇，亦由印度人爲之介紹。埃及紀元初之地理學家多利買（Ptolemy）著作中，作 Jaba Diu 卽源出梵文中之 Djawadwipa。Djawa 者爪哇，dwipa 者島也，意爲大麥島又米之島。法顯所著之佛國記，名之曰耶婆提，亦卽 Djawadwipa 之譯音也。

爪哇建國之傳說　馬來西亞中歷史傳說之完備者，厥惟爪哇。據迦維文（Kawi 爪哇古文）初在石碑及銅銘中所記載，印度塞加紀元元年（基督紀元後七十年）阿基沙加（Aji Saka）於爪哇建設印度王國，討平土民，大興文化，外道匿影，國以富強。又據其傳說，自阿基沙加王以來王系相傳，直至十五世紀回教侵入，王統始替，殆猶日本歷史上之神武天皇也。但據其傳說所謂繼承王統年代史實，每亦不能自圓其說，總之與其謂爲歷史，不如以軼聞目之耳。

室利佛逝王國之興盛　自第四世紀至第七世紀，馬來半島及蘇門答剌之勃拉發婆羅門教殖民地漸改宗佛教，而以蘇門答剌島爲佛教之中心，卽室利佛逝王國（Sri-Vishaya）*是也。據考古家之發現，其根據地沿渤淋邦（Palembang）河谷，距海口一百二十哩至一百八十哩，凡有八、九城，中央一城當渤淋邦河與其支流會合處，首城與海口間，皆係溼地。據中國史書所載，第七世紀時最盛，曾征服其附近之末羅遊（Malayu 今詹卑 Jambi），唐高僧義淨由海道赴印度，曾兩經此地。九世紀時，管轄十五州，累甓爲城，周數十里，人民舟居，十世紀時屢入貢中國，航海汎舟，順風二十日可至廣州。貿易繁盛，用梵文，好音樂，有陸師及水師。十一世紀國勢鼎盛，其勢力所及，含有馬來半島、西爪哇、西里伯、摩鹿加、婆羅洲以及菲律賓羣島，稱南洋第一大佛教國家。其後逐漸衰微，至一三七七年爲麻喏八歇國所滅亡。

＊簡稱佛逝，一稱三佛齊(Samboja)。

爪哇古國之興亡　爪哇之印度國家，據荷蘭史家之考證，其認爲信史者，西爪哇之達魯馬那加拉（Taroema Nagara）立國於紀元四百年，直至一千四百年間，無甚變動。其後有巴加加蘭(Padjadjaram)王國成立，首都在巴古安(Pakoean)（今茂物）。第六世紀時，中爪哇有數小國建立，其最著名者爲馬達蘭姆國(Mataram)。八、九世紀時興勢最盛，建有佛塿(Boroboedoer)，爲佛教最大之遺跡，其結構之宏偉，雕刻之精美，千載而後，尤令人驚嘆不已。九二五年時，中爪哇日就衰微，而東爪哇漸興。至一〇一〇年，兒郎牙(Erlanga)大王，遂統一中爪哇及東爪哇，

婆羅洲及菲律賓與室利佛逝之關係　馬來諸島除蘇門答剌及爪哇，有史可稽者，則有婆羅洲與菲律賓。據宋史十世紀時，渤泥(Bruni)國＊，以板爲城，居民萬餘，種麻、稻，器具用金與外國通商，曾入貢中國。馬神(Bundjarmasin)亦曾入貢。諸蕃志所載麻逸(Ma-i 今菲律賓之明都洛島

Mindoro）亦與渤泥、中國及後印度通商。此等國家之文化均受室利佛逝之影響。今菲律賓之中部諸島曰毘舍耶（Visayan），卽源自 Sri-Vishaya 云。

＊一譯文萊。

參考書

宋史

R. Mooherji——History of Indian Shipping.

E. R. Scidmore——Java, The Garden of the East.

H A. Van C Torchiana——Tropical Holland.

馮承鈞譯——蘇門答剌古國考

第三章　元明與馬來西亞之關係及麻喏八歇王國之建設

東爪哇之興盛與元世祖之遠征　自九世紀初，東爪哇婆羅門國家漸強，抵抗室利佛逝之勢力。兒郎牙統一東爪哇及中爪哇，稱爪哇第一名王，在位三十年（一〇一〇年——一〇四二年）。至十三世紀之初期（一二二〇——一二二七年），甘阿羅克(Ken Arok)為杜馬班(Toempel 一名新牙沙利 Singasari）國王，傳五世至葛達那加剌(Kartanagara 一二六八——一二九二年）。一二七五年曾遠征室利佛逝，取得末羅游地。不久元世祖遣使孟淇至其國，被黥面之辱而還。世祖大怒，於一二九二年命史弼、高興及亦黑迷失率兵三萬征之。兵未至，而葛達那加剌為葛郎國（Kalang 今諫義里 Kediri)王哈只葛當(Djajakatong)所殺，其壻士必闍罕耶（Raden Widjaja）迎元師，攻葛郎，哈只葛當不敵，允降。而士必闍罕耶潛叛去，留軍拒戰，元將遇害者數人，軍士死者三千餘人。元軍乃俘哈只葛當及地圖戶籍而還，杜馬班、葛郎二國亦從此亡。

元世祖建設中國河行省　據蘇祿(Sulu)史所載，一二九二年元世祖曾遠征北婆羅，於中國河(Kinabatangan)流域建設行省。* 其管城兼轄蘇祿羣島中國公使翁承斌(Ong Sum-ping)** 後任中國河行省總督，其女於一三七五年下嫁渤泥第二蘇丹阿克曼德(Akhmend)即今渤泥王系也。

* 據菲濱大學克萊格(Craig)教授之說，中國河行省之建設，爲元征爪哇之傳訛。

** 譯音。

麻喏八歇王國之建設　爪哇自元師退後，士必闍罕耶復長其國，一二九四年秋建設麻喏八歇(Madjapahit)*王國，上尊號曰格達拉闍沙(Kertara Djasa Djajawarddhana 一二九四年——一三〇九年)，號稱英明，繼承諸王，皆思擴充其勢力於國外，第四王哈加巫魯克(Hajam Woeroek 一二五〇——一三八九年)時稱麻喏八歇之黃金時代，其勢力擴充於婆羅洲、小巽達、西里伯、摩鹿加、蘇門答剌、馬來半島，代替室利佛逝之地位。與中國交通，屢貢於明廷。而商業文化亦一時稱盛，據阿剌伯人遊記所載，麻喏八歇之首都，有貿易市場八百餘所，美術學術，非常發達云。

其後國勢漸衰，傳十一王，至一四七八年，印度勢力消滅，而回教代之以興。

* 一譯滿者伯夷。

室利佛逝之亡與鄭和之事業　一三七七年蘇門答剌三佛齊（室利佛逝）之根據地，爲麻喏八歇所滅，國大亂，華人梁道明占三佛齊之北境。有陳祖義者，道明撫之爲舊港（即渤淋邦）頭目。一四〇七年鄭和巡遊南國，祖義謀劫之以示威，其僚屬施晉卿潛告和，和預爲備，祖義率衆至，大敗被擒，歸戮燕市。獎晉卿功，命爲舊港宣慰使。當鄭和出使時，蘇島之佛教國；僅有三佛齊，餘皆信奉回教云。

參考書

E. R. Scidnore——Java, The Garden of the East.

P. C. Campbell——Java, Past and Present.

松岡靜雄譯——爪哇史　　元史

明史　　張燮——東西洋考

第四章　回教之傳入及滿剌加王國之建設

回教之東來　自第七世紀之初葉，摩罕穆德創立回教，卒後其門徒繼其教祖之遺志，用武力傳佈回教，遂風靡於非洲之北部及小亞細亞一帶，以如火燎原之勢傳入印度，及其他各地，得多數之信徒。更藉阿剌伯印度之商人，而傳入南洋云。

回教之傳入蘇門答臘　回教之入馬來西亞，以蘇門答臘爲最先。馬可孛羅於一二九二年經此，其所著之東方聞見錄，謂小爪哇（卽蘇門答臘）共有八國，其伯剌克國（Perlek）爲阿剌伯人常至之地，已將其土人盡改回教。一三九〇年間，傳至其鄰邦巴塞（Pasai），阿剌伯大旅行家伊巴圖他（Ibn Batuta）於一三四五年至亞齊（Atjeh），述其地回教流行之盛。故回教之入蘇門答臘，早在十三世紀之中葉，及十四世紀之初集由北部而向南部。明鄭和下南洋（一四〇六年），其隨行之通譯，有回教徒馬歡者，記錄此島情形，謂當時回教又大盛，北部諸地幾全信回教，佛教之遺響，祇存在於三佛齊云。嗣後室利佛逝王國見併於麻喏八歇，仍信佛教，自爪哇、麻喏八歇衰，爪哇諸回教國，乃代之而興。

滿剌加王國之興起　馬來半島之滿剌加國*建國於十三世紀之中葉。一三七八年，麻喏八歇陷新加坡拉（Singupura），人民皆逃往滿剌加，於是滿剌加遂成馬來半島商業之要地。滿剌加之蘇丹，曾與巴塞之公主結婚。又由滿剌加居留之印度商人之勸導，改宗回教，爲半島之大回教國。其疆域擴充含有半島西岸，與丁加奴、彭亨、柔佛及龍牙（Lingga）等地，並跨海而佔有渤淋邦之一部。一四一五年，鄭和使其國國王拜里述蘇剌（Permarsara）曾挈其妻子隨和入貢中國，受中國之封敕。至一五一一年，始爲葡萄牙所佔領。

*今譯爲馬六甲。

回教之傳入爪哇　爪哇回教之傳入，始於十五世紀。東爪哇之吉力石（Grisse）*有商人麻立克伊伯拉興（Malik Ibrahim）爲此地之首先皈依回教者，回教徒多尊敬之甚負時譽，卒於一四一九年，其墓至今猶存，爲教徒所崇拜。

今譯錦石。

爪哇回教王國之建設　麻喏八歇王國日就式微，回教漸興，相傳第七王格達巫闍耶（Kerta-wrdjaja 一四四七——一四五一）與占婆公主多羅波底（Daravati）結婚，是爲回教傳入之始。嗣後國中因信仰之衝突每起鬬爭，一四七八年遂亡。丹墨（Demak）繼興，回教大盛。未幾丹墨國又爲巴雍（Padjang）王所征服。巴雍又立於馬達蘭姆*之治下。此時馬達蘭姆勢力最盛，一如麻喏八歇鼎盛時代。而名王蘇他巫闍耶（Soeto Widjadja 一五七五——一六〇〇年）時，國家泰平，人民有馬達蘭姆聖代之頌焉。西爪哇之萬丹國（Bantam），本爲丹墨屬國，由丹墨傳入回教。其後國勢漸盛，併合巴加加南，與馬達蘭姆成東西對峙之勢。荷人之東來，初亦至此國。回教之傳布也，大多由回教商人利用財力通款於諸王族，以子女之婚姻，使發生密切關係，而皈依回教。上行下效，迄十六世紀之中葉，爪哇全島皆籠罩於回教勢力之下。不肯改宗之佛教徒受其壓迫驅逐，大部分遷往峇厘島，迄今佛教之蹤蹟，猶有存者。

* 此爲回教之馬達蘭姆，與前述之馬達蘭姆異。

回教之傳入婆羅洲及菲律賓　婆羅洲之回教，由馬來半島傳入。渤泥之第一蘇丹阿拉克(Alak-bre-tato)初信佛教後改宗回教，受摩罕穆德之尊號。卒後其弟阿克曼(Akhmed)嗣位，一三七五年與北婆羅之中國總督翁承斌之女結婚後傳位於是婿夏律勃阿麗(Arb Sherip Ali)即今王朝之始祖也。菲律賓之回教，由婆羅洲傳入，約一四〇〇年間有二馬來回教王子至蘇祿及棉蘭荖傳入回教。嗣後西班牙人傳基督教於羣島，然回教在南方之勢力猶存。西班牙稱之曰摩洛人(Moros)*云。

* 西班牙在中古時爲摩洛哥之回教徒所侵略，西人名之曰摩洛人或摩爾人(Moors)，而轉用之於東方也。

參考書

F. Swettenham——British Malaya.　R. O. Winstedt——Malaya.
松岡靜雄譯——爪哇史　李長傳——南洋華僑史
李長傳譯——菲律賓史

第五章　葡萄牙之東來

歐人東來之原因　歐人自知馬來西亞，即知其富於肉荳蔻、丁香、胡椒之特產，印度與香料幾成相連之名詞。歐人之東航南洋羣島，其動機發於尋覓香料。自十三世紀以來，東方之特產見重於歐人者，除南洋之香料外，尚有中國之絲綢。當時歐、亞之通途有三道，一由黑海繞裏海經土耳其斯坦而至中國，二渡地中海由敍利亞經美索不達米亞而至印度。自美索不達米亞與君士坦丁被厥突人佔據後，兩路皆不通。惟有一路，即由埃及下紅海是也。歐洲香料及絲綢之貿易，向來握於義大利威尼斯（Venice）商人之手，至此埃及之蘇丹獲得此項商品之專賣權，由埃及將此種貨物輸入後，轉售於歐洲各邦，以獲厚利。威尼斯人既享有此種特別權利，自爲別國所嫉視，欲起而與之爭，其法祇有不經埃及直往東方，此即尋覓新航路之動機。

葡人東來之始　十五世紀之末葉，葡萄牙王子亨利在位，獎勵尋覓新航路。一四八六年，地亞士(Bartholomen de Diaz)首先覓得非洲南端之地岬，地氏名之曰大浪山(Calo Tarmentos)，葡王改之曰好望角(Cape of Good Hope)蓋希望由此以達產香料及黃金之東印度也。十二年後，加馬(Vasco de Gama)竟達此希望，而至印度古里城(Calicut)。繼以武力強迫印人通商，於古里及柯枝(Cochin)設立商館。一五〇三年，派阿爾米達(D' Almeida)東來，爲印度總督。一五〇九年，阿爾伯奎克(Affonso D' Albuquerque)繼之，佔波斯灣之甕蠻(Oman 今譯阿曼)，及印度之臥亞(Goa)以爲根據地，而東侵馬來羣島。

滿剌加之佔領　一五〇九年，葡萄牙之甲必丹石奎伊拉(Diogo Lopez de Sequeira)至馬來半島之滿剌加。在滿剌加之印度人及阿剌伯人嫉之，煽動馬來人將葡人之貨倉燒去，並捕葡人。石之兵弱不能敵，即歸臥亞。阿爾伯奎克乃備船十九艘，葡兵八百，印兵六百，一五一一年親至滿剌加討伐，要求釋放葡人，蘇丹不允，遂燒海岸民居及停泊海口之船隻以示威。及蘇丹釋葡人，阿爾伯奎克又要求賠償三萬三千金鎊，以償焚燒貨倉之損失及建築砲壘，蘇丹拒之，葡兵登岸敗馬來兵，蘇丹逃往柔佛，葡人即佔滿剌加以爲經營馬來羣島之根據地。葡人之佔有滿剌加者凡一百三十年，雖屢受土人之襲擊，然能保持其主權而不墮。建設政府，築砲台，設立教堂，其遺跡至今猶有存者。又爲傳布基督教之中心，其首至我國傳教之方濟各（St. Francis Xavier）曾服役於此。馬來人受其文化影響甚鉅。馬來文中於非馬來人固有之名詞，多借用葡萄牙文。葡人又與土人通婚，今馬來半島之所謂歐、亞混合血種（Eurasian），即其遺裔也。當時之滿剌加爲東方商業之中心，其貿易之盛大稱東方第一焉。

亞齊之戰爭　滿剌加而外，與葡人交涉最多者，則推蘇門答剌之亞齊（Atjeh）。一五二一年，葡人曾於蘇門答剌之巴塞築一砲台，至一五二四年，即爲亞齊人所毀。一五三七年，亞齊蘇丹阿拉愛登（Alla-eddin-Shan）攻滿剌加，失利而回。一五六七年，曼蘇爾（Mansur-shan）自馬來半島之霹靂入王亞齊，與印度西部諸王國大同盟，作驅逐葡人之舉，率亞齊人一萬五千，回教人四百，攻滿剌加，葡人誓死力拒，幸免於危。一五七三年，蘇丹又與爪哇之泗水女王同盟，率軍艦九十艘，士卒七千人，攻滿剌加，亦無功而還。直至一六四〇年，亞齊人終助荷蘭人奪滿剌加於葡人之手。

香料羣島之佔領　葡人之東來也，其目的既在香料，故佔領滿剌加後，即進行至香料羣島。*

一五二二年利用簡拉底(Ternate)土人與帝都(Tidore)土人之紛爭，與簡拉底蘇丹訂約，得有建設礮台及香料專賣之權利，又乘勢侵入萬蘭(Banda)、安汶(Ambon)建設要塞焉。當時葡人除滿剌加及香料島二領土外，其餘如大泥(Patani)、望加錫、婆羅洲，皆有其貨棧，又租有我國之澳門，惟於亞齊則不得利。總之當時之遠東商權，皆在葡人之手。迨一八五〇年，葡萄牙見併於西班牙、英、荷人亦相繼東來，葡人之勢力始衰。今日葡人在南洋之殖民地，僅有帝汶島一部而已。

* 即美洛居，今譯摩鹿加。

參考書

J. N. Larned——The New Larned History.
Steiger, Beyer and Benitez——A History of the Orient.
W. Marsden——History of Sumatra.
舟木茂——蘭領東印度史

第六章　西班牙之佔領菲律賓羣島

西葡勢力之對抗　當十五世紀時，在世界航海殖民之勢力，除葡萄牙外，與之對抗者，則有西班牙。但西人之勢力在西方，而從事大陸性之殖民地。葡人則除巴西之外，多從事海洋性之殖民地。二國因爭海上霸權，時起衝突，競爭甚烈。羅馬教皇亞歷山大第六(Pope Alexander VI)出而調停，於一四九二年，以阿索爾羣島(Azores Islands)以西一百海里爲界線，將世界海陸平分與西、葡。惟葡王對於教皇之訓令，殊不滿意。乃於翌年召集二國代表會議於陀德西拉(Tordesillas)地方，重訂條約，於綠山頭羣島(Cape Verde Islands)以西三百七十海里爲分界線，綫東一切海陸歸葡，西則歸西也。

麥哲倫之發現菲律賓　西人與葡人同垂涎於香料羣島，然東方航路，爲葡人所扼，西人無可如何。自一四九二年，哥倫布發現新大陸，引起西人西航至印度之雄心，而麥哲倫氏 (Ferdinand

Magellan）遂應運而生。麥哲倫本葡萄牙人，生於一四八〇年，初爲王宮童豎，曾充當兵士於印度，遊歷滿剌加、爪哇、美洛居等地，數著戰功。因葡王獎勵不公，心懷觖望，遂去葡萄牙而詣西班牙，說西王査理第五，西行另覓新航路尋覓香料。一五一九年九月二十日，自西班牙之賽維爾城(Seville)率船五艘出航。船行五日，一船爲風濤所壞，麥氏不渝初志，鼓勇前行，沿南美大陸南航，經過一海峽，卽今麥哲倫海峽是也。沿途備嘗困難，一艦又逃。而麥氏志不少綏，仍勇敢前進。出峽至一大洋，風恬浪靜，故名曰太平洋（Pacific）乃沿南美洲海岸北行，次折向西，以尋香料島，航行三月，食糧漸減，飲料亦絕，水手多病。翌年三月初，至一羣島登岸，覓得淡水及食物，然船中雜物，反爲土人所竊，麥氏名之曰盜賊島（Ladrone），卽今之馬利亞納羣島是也。船復西行，三月十六日發見三描島（Samar I.）又西行，至禮智島南之里馬殊島（Limasawa）立十字架于島上，以示爲西班牙領土。麥氏嘗自土人間聞有宿務島（Cebu）人民富厚，戶口殷衆，里馬殊地小，食品不足，乃以土酋爲導，航至宿務。宿務王曰胡馬彭（Humabon）頗有威勢，有步兵二千，頗優遇麥哲倫，與之行血交禮。土人最友誼之禮也。兩方各刺臂血少許，和酒與水，互換飲之，訂交之後，永久患難相共也。王夫婦及手下八百人，皆受洗禮。宿務旁有小島曰描丹（Mactan）有土酋與宿務島土王啓釁，宿務土酋，求援於麥哲倫，麥欣然應其請，率三舟西班牙人二十舟宿務人，前往攻之，不幸麥氏中土人之槍而卒。餘衆亦爲土人所攻，失一船，僅存二舟。舉帆西航，經棉蘭老、蘇祿、北婆羅，一五二一年終至目的地香料羣島之帝都，與土人交易貨物，滿載香料分途回國。一舟東行，取道墨西哥，中途爲葡萄牙人所擒，一舟西行，取道好望角回西班牙，一五二二年九月六日抵散魯喀港（Sanlucar）成第一次週航地球之壯舉。出發時五艦，二百七十八人，回國者僅餘一艦十八人而已。

西葡之爭香料羣島，西班牙人之發現香料羣島在葡萄牙人之後十年。據陀德西拉條約，香料羣島，應在葡萄牙勢力範圍以下。然當時地理不明，不能決定香料島在兩國分界線之東或西，故兩國皆爭此島，歷久不決。一五二九年，二國會商，西班牙承認放棄香料羣島，葡國償西國三十五萬金幣（Ducdts）。一五四二年，西王又遣米拉魯泊（Villalobos）十一月一日自墨西哥西航，翌年至棉蘭老東岸，又北航至三描島，改其名曰菲律賓，以紀念西太子菲律第二，稍後又改稱羣島全境曰菲律賓，然土人皆嫉恨西人，米氏不得已南航至香料羣島，降於葡萄牙，不久卒於安汶。後二十三年，西國始再遣利牙石比（Iegaspi）率衆征菲律賓。

西班牙佔菲律賓　一五五六年，西王查理第五禪位於太子菲律第二，新王欲取羣島爲殖民地，詔墨西哥總督征西。一五六四年，利牙石比自墨西哥之納菲德港起航，同行者有宇蘭爾杳(Andve's de Urdcataen)爲主教及航行引導大艦二艘，小艦水手一百五十人，兵士二百人，僧侶六人，官吏二十四人，共三百八十人。一五六五年二月，至宿務，遭土人之仇視，不敢登岸。周歷各島，皆遭仇視，幸保和島之土酋歡迎之，與利訂血交，始得安身之所。四月利氏攻宿務，毀其房屋，土人逃入山中，利氏乃殖民其地，築房屋，立教堂，建村鑿井，儼然若一新都市。宇氏率從人二百名回墨西哥，報告事務，回時所經航綫，較之來時更北，一路風順，且可免葡萄牙人之侵擾。船既安歸，西班牙王命收羣島入版圖，封利氏以貴爵。利氏繼因葡萄牙人之襲擊，移居班乃島，又征服毘舍耶羣島，對於土人虐待無所不至，爲土人所切齒。班乃島之土人多有荒其田畝，以困西人者。利氏聞北方呂宋島之馬尼剌，人烟稠密，商業旺盛，居民皆回教徒，思佔而有之。一五七〇年，命部將高第(Martin de Goiti)率小船十五艘，西班牙兵一百十八人，毗舍耶人五六百名前往，至馬尼剌，頗受土酋之優待。高氏命士人臣服西班牙，土人不服，乃率兵攻之，佔領全市。因恐季候風與雨期將至，故不久即回班乃島。翌年利氏率衆再至，爲馬尼剌土人聯合附近諸土邦拒之，終不敵，馬尼剌第二次被西班牙佔領，利氏立爲全島首府，從事建設，全市煥然一新。一五七二年，利氏以勞瘁卒於任所。高弟及其孫撒示洛(Salcedo)繼其志，二三年間遂將呂宋島大部收歸西班牙治下。

參考書

李長傅譯——菲律賓史

J. Forman——The Philippine Islands

第七章　西葡之戰爭及中西之交涉

西葡之戰爭　自西班牙佔菲律賓後，葡人以其鄰美洛居，深恐與葡萄牙不利。一五六八年，葡將潘尼拉（Gonzalode Pereira）率船七艘駛入宿務港內，要求西班牙退出。利牙石比拒之，葡軍乃封鎖港口，不久糧盡，軍中疫起，死亡相繼，乃退去。一五七〇年，潘氏又至宿務港，仍無功而退。一五八〇年，西班牙王菲律第二滅葡萄牙，美洛居名義雖歸西班牙，實際未能佔領也。一五九三年，菲督郎雷氏皦褱系勞（Gomez Perrz Dasmarinas）率兵征摩鹿加，土人多被強迫執業，輕視苛待，為土人所痛恨，行至半途，服役之中國舟子起事，殺郎雷氏皦褱系勞，無結果而止。

林鳳攻馬尼剌及中西之通商　華人之至菲島，早在西領之前，西班牙人呼中國人曰生理（Sangley）此命名之由來，蓋西人初至馬剌尼時，見在中國人住該城，西人問其所為何事，則答之曰生理，西人誤為國名，因呼中國人曰生理，其名相沿至今。西班牙佔領馬尼剌後，基礎未固，喘息未定，而有中國海盜林鳳（Li Mahong）攻略菲島之事。林鳳係中國潮州海盜，爲中國政府軍所驅逐，一五七四年冬自澎湖島南航率戰艦六十二艘，男丁三千，婦女多人向呂宋出發，十一月二十九，至馬尼刺灣，與其部將日本人莊公（Sico）攻馬尼刺城，前後有二次之激戰，殺高弟而西軍殊死守，不能下，莊公死之。迨至品牙詩蘭海岸，撒示洛又引兵來攻，林鳳乃出海走。翌年中國軍官王望高率艦二艘，來呂宋探林鳳行踪，西班牙乘機遣教士二人附艦內渡，要求通商。一五七六年中國遣使至馬尼刺允西人在廈門經商，此爲中、西通商之始。

馬尼刺慘殺華僑事件　一六〇二年明萬歷帝，聞呂宋之庚易山（今甲米地）有金鑛，遣使三人往探之，西人大疑忌，惶惶修守備，有殺盡華人之謠，遂激起華人之叛亂，西人大肆屠殺，華人之死者聞達二萬四千人。一六三九年又發生華工之亂，華僑之被屠殺者亦不下二萬人。一六六〇年鄭成功逐荷蘭人佔領台灣，使義大利僧侶利支西義（Vittorio Ricco）使馬尼刺，又引起西人之疑慮，以華人發亂爲口實，大肆屠殺，死者亦數千人。鄭成功大怒，正欲興師伐菲，不幸得疾卽於翌年逝世。

参考書

J. Forman——The Philippine Islands.

李長傅譯——菲律賓史

明史

張燮——東西洋考

李長傅——南洋華僑史

第八章　荷蘭之東來及東印度公司之成立

荷人東來之動機　繼葡、西而來馬來西亞者爲荷蘭人，其動機亦由於香料也。荷蘭地處北歐，國人長於經商，嘗與西、葡通商，轉販東方各地出產，至北歐售賣，利市倍蓰。一五七九年，荷蘭歸西統治，未幾荷人起而獨立，一五八四年，成立荷蘭共和國。一五八〇年，西、葡合併，葡之屬地歸西，時西班牙尙許荷人至葡經營此項商業。自荷蘭獨立後，西王菲律第二於一五八七年，禁荷船至葡京里斯奔，以報宿怨。荷、葡之通商，爲西班牙所封鎖，不得不開自往東方販賣香料之航路。

荷人初次東航　當西、葡未合併時，葡人恐西人與之爭印度商場，故航海雇用多用荷人而不用西人，有荷人粦士哥登(Jan Huijgen von Linschoten)者，十七歲卽離荷蘭，由一五八三迄一五八九年而遊於西、葡、印度各地，著有葡萄牙東方航海旅行記，詳述印度之風土情形，及對於葡人在東方殖民政策之批評，引起荷人東渡之熱心不少。一五九二年，又遣霍特曼(Cornelis Houtm'an）秘密至里斯本，調查航行印度之事。然當時至東印度，僅有經非洲西岸繞好望角之一途，皆有風浪之險，且中途有西艦襲擊之虞，故一般學者，擬繞北冰洋經日本、中國而至東印度，試行數次，無功而罷。結果祇有冒險取道於好望角。一五九五年四月，荷商以商船四艘，由荷蘭至東印度，以霍特曼爲總指揮，任星象家彼得葛士（Pieter Keijser）爲領港。四月二日，自德西爾（Tessel）起程，歷十四月餘，迄一五九六年六月二十三日，竟達爪哇之萬丹（Batam）與荷人發生衝突，開邑氏死之，乃繞道東方至峇厘島而歸。此行損失甚巨，無效果可言。然開荷人經營爪哇之先聲，在歷史上頗足紀念焉。

二次航海之成功　一五九八年八月，荷蘭第二次東航，有船八艘，受政府之援助，任范聶克（Jocob Van Neck）爲總指揮，范羅伊克（Wybarnd Van Waerwijek）副之。范聶克率三艦先行，僅六月而達萬丹，時葡萄牙人與萬丹發生糾紛，范氏亦乘時機，與萬丹蘇丹表示親善，滿載胡椒，准備歸航。而范羅伊克乃率艦後至，范聶克乃率四艦先歸，其餘四艦由萬丹經爪哇北部至萬蘭及簡拉底、帝都、滿載肉荳蔻、丁香，於一五九九年及一六〇〇年先後歸國。

東印度公司之成立　二次航海之成功，引起荷商經商印度之踴躍，組織公司者如雨後春筍，互相競爭，識者憂之。大政治家阿德巴力夫特（Oldnbarneveld）遂竭力聯合各商人組織一團體，以與英、葡相爭，名曰東印度公司。一六〇二年得政府之特許，於麥哲倫海峽以西，好望角以東，該公司獨占商業之權，期限二十一年，滿期後可以延長，計以後延長者凡十一次。與各土酋締結條約，及徵兵造幣，任免官吏之權，惟須在荷蘭政府監督之下云。

東印度公司組織概況　東印度公司之組織情形，頗有敍述之價值。東印度公司爲股份公司性質，惟其股票無一定之價額，由應股者各自任意投資，有多至一萬盾者，有少至七十五盾者。初次共認之股，凡六百五十餘萬盾。公司之分紅，八年一次，自成立以後迄一六二五年，平均每年爲百分之一百八十，亦云鉅矣。公司董事及經理人，初爲七十三人，後漸減，又有中央管理部十七人，爲東印度公司最高機關。據公司章程，公司董事能派一總督，管理東印度事務。又能派參事員組織參事會，爲總督之顧問。總督代表其公司之主權，彼可以荷國名義而訂條約，開戰，建築砲台，彼又能派出荷人所在地之駐紮官。蓋公司除專利性質外，並爲一有統治權之法團也。

參考書

D. Clive——The Dutch in Java.

P. C. Campbell——Java, Past and Present.

松岡靜雄譯——爪哇史

舟木茂——蘭領東印度史

第九章　英荷及荷西之競爭

英人東來之始　英人德來克(Drake)於一五七九年周遊世界，曾經過滿剌加海峽。一五九一年，蘭喀斯特 (James Lancaster) 之東航，曾經檳榔嶼，虜捕葡萄牙商船，得胡椒滿載歸國。一六〇〇年，英國東印度公司成立，第一回之航海由蘭喀斯特與航海家大衛士(Davies)率船東行。一六〇〇年六月至亞齊，與亞齊王訂商約，滿載胡椒而去。又東至萬丹及摩鹿加羣島，設立商館，是爲英人經營馬來羣島之始。

荷人之佔香料羣島　荷蘭自東印度公司成立後，於萬丹建設商棧，漸次擴充於錦石、惹卡德拉、惹巴拉、望加錫等地，與葡萄牙相競爭。然荷蘭之東來，其目的在香料產地摩鹿加羣島。該島葡人之掌握雖有百餘年，然葡人之殖民政策，常隨其宗教政策而俱進，彼等對於基督教之宣傳，多用強迫手段，至惹起土人之反感。反之荷人之殖民政策，對於宗教則不注意，因此得土人之同情，遂逐葡葡牙人取而代之，初得安汶及帝都。至一六〇九年，與萬蘭士酋訂約，羣島之香料，除荷蘭人外，不得出售於他國，於是香料羣島之大部分，落於荷人之手。

英荷爪哇之競爭　當時爪哇之土人分爲二大國，東曰馬達蘭姆，其首府曰加兒達（Karta），而泗水、三寶壠皆在其管轄之下。西曰萬丹，轄有爪哇之西部及蘇門答臘之南榜，兩國成對敵之勢。蘇門答臘則分國甚多，而以渤林邦及亞齊兩國爲巨。荷蘭初至爪哇之地，則爲萬丹，地爲胡椒貿易中心。當時經營此項貿易者，則爲中國人、葡人、英人、丹麥人等，荷人並不佔若何勢力也。一六〇九年，東印度公司中央管理部因爲統一事務及其他一般事務起見，於十一月二十九日任命彼得普（Pieter Both）爲總督。彼氏自居於安汶，銳意經營摩鹿加羣島。一六一三年，得馬達蘭姆之允許，於惹巴拉立商館，與萬丹對峙。當時葡萄牙之勢力已衰，與荷蘭爭雄者則爲英吉利。英國東印度公司之成立，尚早於荷蘭二年，兩國在摩鹿加之勢力甚鉅，頗爲荷人所注意。一六一七年，彼得遜Jan Pite'zo in Coen）爲總督，馬達蘭姆士忌荷蘭之勢力日盛，欲驅之離爪哇，英人助之奪荷蘭城壘。彼得遜乞援於安汶，得擊退敵兵，幸免於危。彼得遜乃就惹卡德拉（Jakatra）舊址，改築新城，卽今之巴達維亞時一六一九年也。一六二一年，萬丹土人受英國之煽惑，忽拒絕對荷香料專買條約之履行，盛行秘密通商，彼得遜遣兵征之，殺人二千餘，捕獲者一千餘，土人田廬爲墟，所遺之土地收爲東印度公司所有，彼得遜之行爲極爲荷蘭人所稱許，謂爲樹東印度公司基礎之偉人云。

安汶事件　萬丹慘殺後二年，復有安汶、英人慘殺事件。安汶地方有英國東印度公司所設之商館，早爲荷蘭人所嫉視。一六二三年，荷蘭官吏謂英人有謀襲荷蘭人奪取城塞之陰謀，執而施以酷刑，強取口供而殺之，計死者有英人九人，日本人九人，葡萄牙一人，引起英國之大抗議，至一六七六年，荷蘭允許被害者之撫恤金，始告解決。

荷西在香料島及菲島之戰爭　荷蘭日據爪哇，因覬覦菲律賓。一六〇〇年，荷將范奴特(Van Noort)率二艦至呂宋西岸，捕獲往來船隻，騷擾菲律賓商務。西將莫牙(Antonio de Margr)率艦攻之，西艦戰勝，荷艦一艘逃去，一艘被擒。一六〇五年，荷人至摩鹿加驅帝都及安汶之葡人，於其地立商館。西督阿加迎(Bravo de Acuna)聞之大怒，翌年率艦五艘，小舟二十艘，以西兵一千四百，非兵一千六百，攻摩鹿加，勝荷人，據帝都及簡拉底二地。一六〇九年，荷將威特爾特(Wittert)，又率艦至菲律賓，先攻怡朗，不克，北上至馬尼剌，仍范氏奴特故技，騷擾馬尼剌海口，菲督錫爾華(Silva)率小艦六艘，出口探敵，遇荷艦於馬也微里，鬪戰六小時，荷蘭大敗，逃者僅一艦，餘皆被擒，俘虜二百五十八，船上貨物亦盡爲西班牙人所有。錫爾華既勝，欲略取荷蘭之根據地爪哇，乃與印度臥亞之葡萄牙艦隊相聯合。一六一六年，錫爾華率大艦隊出發，不意葡萄牙艦隊至期不能會合，五月錫氏以熱病卒於麻六甲。同年荷將斯匹爾白爾根(Spilbergen)率艦十艘攻怡朗，旋復攻馬尼剌，途與西班牙艦隊相遇，戰於三巴里斯附近，兩方劇戰，荷蘭大敗。嗣後荷蘭艦隊，屢擾菲島，一六四七年，最後攻擊在阿布開(Abucay)，終無功而退。

參考書

P. C Campbell——Java, Past and Present.

舟木茂——蘭領東印度史

李長傳譯——菲律賓史

第十章　荷蘭侵略東印度諸國之初期

吧城之建設及滿剌加之佔領　一六三六年范載曼(Van Diemen)爲總督，極力經營巴達維亞市，氣象一新。一六三八年，助錫蘭王拉耶新加(Radjah Singa)驅逐葡萄牙人，獲得東印度公司在錫蘭島之肉桂專賣權，及在加爾(Galle)地方建築城塞。一六四〇年，得柔佛土之助攻滿剌加市。滿剌加爲葡人東方殖民地之大本營，又爲當時遠東商業之中心。自入荷蘭之手，使荷屬東印度之地位更加鞏固。一六四二年，與吉打士酋定約，吉打錫之販買權，全歸東印度公司之手。一六五〇年，荷蘭於霹靂河口設立商館，繼移於彭康島(Pankor)專營錫之貿易，與土人不睦。一六九〇年，爲土人所毀。然當時荷人在馬來半島之勢力，依然存在，西岸之雪蘭莪港(Kuala Selangor)及林宜港(Kuala Linggi)皆有荷蘭商船焉。

荷蘭與馬達蘭姆之交涉　在十七世紀之初，馬達蘭姆王勃南巴汗(Panembahan)征服馬都拉及泗水等地，稱爪哇第一強國。一六二五年上蘇蘇順南(Soesoehoenan)之尊號，猶言軍師大元帥也。一六二八年突攻巴達維亞，時彼得遜重督東印度，竭力擊退之，而彼得遜亦因戰時罹病而死。馬達蘭姆王雖不能得巴達維亞，然猶稱雄於爪哇，時禁止米糧之輸出荷人居留地。荷人時爲所困，又與葡人相結納，以抗荷蘭。自葡人勢力失墜後，馬達蘭姆無外人爲外援，對荷態度爲之一變。勃南巴汗王卒後，子嗣位，名曰安蒙古辣第一(Amangkoerat)於一六四六年與東印度公司立友好條約，承認東印度公司在其所居留地之領土權。萬丹之土酋亦爲荷蘭所征服，於一六四六年締立條約，而東印度公司與馬達蘭姆及萬丹二國，在爪哇島成鼎足之勢。

荷蘭侵略外部諸島　一六五九年，蘇門答臘之渤淋邦王國與東印度公司發生糾紛，結果渤淋邦王允許荷蘭人之建築砲臺及每年買胡椒之權。又乘亞齊王國之內閧，於一六六七年以鎮服土人爲名，佔據日里地方。一六六一年，以西里伯島之莪哇(Gowa)土酋不服命，遣斯披里曼(Cornelis Speelman)往征望加錫，大破之。一六六七年，莪哇王自認爲東印度公司之保護國，當時由婆羅洲外，東印度公司之勢力殆遍及羣島矣。

荷蘭馬達蘭姆條約　馬達蘭姆王安蒙古辣第一，暴虐無道，人民離心，嘗以爪哇島之盟主自許。命東印度公司每年派遣公使，向馬達蘭姆表示敬意。東印度公司陽允之，而遣使至加爾達，行其懷柔怂弄之政策。時有突魯諾卓約（Troenod jojo）爲馬都拉王族，出廠啫八歐舊王族後裔，自稱爲爪哇王族之正統，揭旗反抗馬達蘭姆王。馬都拉、錦石及望加錫附和之，聲勢甚大。安蒙古辣第一，乞援於東印度公司，一六七七年，斯披里曼將軍率大軍往慈巴拉，坐觀成敗。突魯諾卓約陷加爾達，安蒙古辣第一出亡，求庇於東印度公司，卒於中途。其子嗣位，名曰安蒙古辣第二。斯披里曼乃出兵誅突魯諾卓約，與安蒙古辣第二定約，許東印度公司，在馬達蘭姆全國，自由通商，全部免稅，割渤浪安之一部，及三寶壠附近地，償荷蘭軍費二百十二萬五千盾。

荷蘭萬丹條約　一六八一年，斯披里曼爲總督，而萬丹亦起内亂。萬丹蘇丹哈耶（Hadja）得東印度公司之助，而得鞏固其王位。復與東印度公司結約，許公司以專利權，自此爪哇各島之香料業，皆爲荷人所專利，而英、法、丹麥之商人，不得不離此矣。是時華商多由萬丹遷居吧城，萬丹遂失其重要位置，而吧城成爲東印度之中心。

蘇拉巴底之亂　一六八四年，甘彪士(Johannes Camphuys)爲總督，對於爪哇採和平政策，時有蘇拉巴底(Sorapati)者，實爲出身於峇厘島之奴隸，後編入東印度軍隊爲兵，升至峇厘軍少尉，萬丹之役，曾左袒荷蘭敵黨，萬丹事平後，逃至渤浪安地方反抗東印度公司。荷蘭以兵討之，逃往馬達蘭姆國，馬達蘭姆王收容之，甘彪士氏遣達克少佐(Mayon Tak)往加爾達捕之，竟爲馬達蘭姆所害，其隨從十七人亦與焉。其後蘇拉巴底復叛馬達蘭姆，據八蘇魯安，漸次擴充其勢力於馬瑠及諫義里，建設小獨立國，有壓迫馬達蘭姆之勢。安蒙古辣第二卒，子安蒙古辣第三嗣位，通呼爲蘇蘭馬士(Soenan Mas)不滿東印度政府，荷人乃暗助其從叔巴古巫呵那(Pakoe Boewono)奪取王位。巴古巫呵那承認東印度政府疆域之擴充及馬都拉島海口之割讓之權利，又荷蘭得駐兵於王宮，永以爲例。蘇蘭馬士逃往蘇拉巴底。一七〇六年，東印度公司遣大兵討之，佔邦引(Bangil)、蘇蘭馬士，翌年爲荷蘭所捕，放逐於錫蘭島。一七一九年，巴古巫呵那死，子安蒙古辣第四立，前王之子，起而謀奪其位，東印度政府亦援助安蒙古辣第四，而捕其反對黨，放逐於錫蘭及好望角焉。

結論　總之東印度政府對土人之政策，乃利用其內亂，以助其正當之承繼人，而拒有力之潛奪者，以示正義，使人不疑。其助之也，則非至極危時不出兵，一方使彼等知非公司強硬手段，不足救彼等出險，即有殘暴之行，亦以爲當然。公司之威，得暗加印象於土人，一方使彼等知感，非公司則彼等且滅亡，於是乃得重大之酬報矣。

參考書

D. Clive——The Dutch in Java.

H. A Van C.Torchiana——Tropical Holland.

P. C. Campbell——Java, Past and Present.

舟木茂——蘭領東印度史

第十一章　菲律賓政教之爭及摩洛之亂

政教衝突之原因　西班牙人之侵略菲律賓羣島也，利用武力及基督教之力，軍人與僧侶合作，乃得侵略菲島之成功。自菲律賓入西版圖後，軍人從事政治，僧侶從事傳教，各分途而行，遂相背而馳。歷任總督雖皆天主教徒，然服從西班牙王命令，所有僧侶教士雖多西班牙人，而俱左袒教皇，此種兩頭政治行之日久，衝突自起也。

政教衝突之事實　菲律賓之司法分為二部，一、民政法庭，一、教務法庭，犯政府之罪者，受民政法庭之裁判，犯宗教之法者，受教務法庭之裁判，然二者之罪，不易分判，時起爭執。又犯法者，逃入教堂，及聖地，依法律民政官不得以強力拘捕，亦時有衝突。一六三五年，有軍人那描(Nava)者曾殺一女僕，逃往教堂。總督庫非撈(Corpcuera)命主教杜來羅(Guerrero)將罪人交出，主教以那描當受教務裁判拒之，庫氏乃以兵強入教堂，捕那描，處死刑。杜氏乃科庫之姪以不敬聖壇之罪，庫氏以兵護之，爭執不已，迨後互訴於西班牙王，王亦不能決。一六五三年，二氏皆爲西王所召回。一六六三年，有沙西洛（Salcedo）爲總督，貪婪無厭，惟利是圖，爲教會及人民所切齒。乃由主教波瑪地（Poblete）主動，捕沙氏送往墨西哥神聖法庭，判其罪。神聖法庭者，專爲反宗教者而設，權力極巨。然沙氏至墨西哥訊鞫，犯罪雖據，復釋回，死於途中。一六八三年，黎描牙（Juan de Vargas）爲總督，巴洛（Felipe Pardo）爲主教，二人不合。黎氏新頒十令二十條，巴氏不遵之，黎氏乃捕巴，而流放於仁牙因。至黎氏退職，巴氏被釋，又自懲巴氏以洩憤。一七一九年，務氏日民地（Bustamante）爲總督，政教之爭，達於沸點。彼從事聚斂，歲入多增三十萬，以之整軍備，築礮臺，物議頗不滿之，潛謀反對。務氏聞之，將懷疑之民悉數囚禁於獄中。於是人人危懼，多避入教堂。總督要求將避難者交出，主教不允，務氏捕之。教會中人及避難者皆大怒，衝入總督府，殺務氏及其子。菲律賓在西班牙統治之下，政教之爭不止，惟自此以後，不及往昔之劇烈而已。

摩洛亂事之始　菲律賓之馬來人本信回教，西班牙人名之曰摩洛人，佔據棉蘭荖島，及蘇祿羣島。其俗悍而習海，自製巨木艦，每值西南季風起時，即以巨艦駛入毗舍耶羣島，大肆擄掠而去，且掠人以爲奴。西班牙方從事於摩鹿加，不能征也，而摩洛人逐漸猖獗。一五九九年，以戰艦五十艘，入黑人島民都洛及宿務諸島大肆殺掠。明年更大舉入寇怡朗、班乃，省長力禦退之，而省長亦身殉焉。

西班牙征摩洛　一六〇〇年，菲督娛示晚(Gyzman)派西兵二百人南下攻之，雖小有勝利，然不能搗其巢穴，摩洛人橫行如故。嗣後出兵數次，皆無大結果。乃決計築一礮臺於其近旁，以阻其北侵，然後逐漸平復之。一六二五年，菲督薩蘭馬加(Salamanca)得教會之助，於三寶顏(Zamlo-anga)建礮臺。一六三六年，有馬金丹奴(Magındanaso)蘇丹之弟沓尔(Tagal)侵毘舍耶羣島及民都洛島，掠六百五十人而歸，中有教士三人。及非約(Cuyo)省長至三寶顏附近之笨沓例巫禮胙示(Punta de Flechas)行凱旋祝神禮，三寶顏總督率兵攻之，摩洛敗績，沓牙死之，救出基督教一百二十八。一六三七年及一七二一年、一七三一年，菲律賓征摩洛，皆得勝利。然摩洛仍不稍斂迹，暗中有婆羅洲土人及荷蘭人爲助，西人無如之何也。

摩洛蘇丹阿麗與西人之交涉　十八世紀之中葉，蘇祿之蘇丹阿麗墨丁(Ali Mudin)幽柔篡斷，其弟班地蘭(Bantilan)謀其位。墨丁逃至馬尼剌，備受西班牙之優待，並入基督教，受洗禮，更教名曰斐蘭洛(Fernando I Dea Ali Mudin)一七五一年，總督烏邊洛(Obando)遣兵送歸蘇祿，將復王之。至三寶顏，墨丁致書棉蘭老蘇丹，求其援助，西人疑墨丁有異心，檻送之於馬尼剌。班地蘭時已為蘇祿蘇丹，出兵擾昆舍耶諸島，勢甚猖獗，海上交通，為之阻絕。西人乃釋墨丁，命致書於班地蘭，勸與西班牙媾和，班地蘭允之。遣使至馬尼剌，允釋放基督教徒及各種掠獲物。不意口血未乾，摩洛人又作猛烈之擾亂，菲人怒甚，誓必滅之，菲督阿蘭地亞(Arandia)命主教怡描黎示(Jose Dweos)統水師擊之，苦戰多時，俘其戰艦一百五十艘，燬村落三處，摩洛力竭而降，訂立和約。西班牙許摩洛人信教自由，歲給蘇丹津貼一千五百元，摩洛承認西班牙之統治，而摩洛之亂，始告終結。

參考書

J Foreman——The Philippine Islands.

李長傅譯——菲律賓史

第十二章　荷蘭東印度公司之衰微

東印度公司鼎盛時代　十八世紀之初葉，爲東印度公司之黃金時代。東印度羣島荷蘭之敵人如葡萄牙人、西班牙人、英國人，完全退出羣島。爪哇之土酋皆在荷人支配之下，自印度之可羅滿德(Coro mandel)招製藍靛工人，改良土法。自非洲輸入咖啡種之，獎勵萬丹胡椒之生產，及糖業之經營，公司之生產，大爲增進。

公司腐敗之原因　在公司表面發達之時，而內部反日腐敗。其故可得而言者：一、上級管理人物，多由久役東印度之人升任，道德低下，公司人員習於奢侈縱欲之風，能力衰頹，任用私人之風，荷蘭與東印度公司同染之。不肖之紈袴子弟，得有力者之介紹，而據高位。總督等人，至有發生濫用力及強奪土人財產之罪，而處死刑者。上級之人員如此，下級之人員可知。且其酬報之少，令人難信。更不得不作不正當之行爲，以增其收入。其二、土人因戰爭頻仍，歲收不豐，陷於窮困，購買力薄弱。自荷運往東印度之貨物無法銷售，而東印度公司之歐洲市場，又因英、法之活動，遂漸縮小。故東印度公司在盛鼎時代已露崩裂之痕。

伊爾麥非爾事件　腐敗爲恐懼之因，公司內部已日趨腐敗，則一切莫不用其恐懼矣。一七二一年，公司指吧城之荷土合種人伊爾麥非爾（Pieter Erberfeld）欲聯合十八酋長及回教徒，推翻吧城政府，殺戮荷蘭人，乃處以歐人向所未有之斬首刑，其住屋由官廳加以封閉，四周繞以石壁，壁上石刻死者首像，壁上有石碑，刻文云「該地不得栽植草木，亦不得建任何建築物」，此遺跡至今猶存。然伊之罪狀並無確實之證據，惟得之其僕人之口供，此事至今猶視爲疑案云。

吧城紅河慘史　一七四〇年，紅華人作亂，史有屠殺華僑之事。自吧城建設後，華僑前往者日多，十八世紀之初葉，吧城市內外不下十萬人。乃下令取締華僑入境，公司人員從中舞弊，壓迫及欺凌華人無所不至。一七四〇年，更壓迫華人得隨意指爲可疑者，放逐至錫蘭島。華僑中激怒而反抗者，圍攻吧城，荷蘭乃出大兵轟擊之，亂事亘三日，城內之老弱婦女，皆爲荷人斧鉞。是役也，死者不下萬餘人，流血所被，河水爲赤，至今吧城猶有紅河之名。時中國國力正強，然清帝視海外僑民爲亂黨，竟未之討也。城外之華僑不敢而走逃至馬達蘭姆與之聯合，而反抗荷人，全島震動，安蒙古辣第四世爲之助，華人初得優勢，終以無實力之故而不能支，公司得勝，安蒙古辣第四世重降公司，許其擴充商權，一七四三年，公司與巴古呵那二世立約，馬達蘭姆國受東印度公司之保護。馬都拉及爪哇北部海岸全部，割讓與公司。

范茵福總督之政策　一七四三年，范茵福(Van Inhof)爲總督，鼓勵吧城自由市民之商業及航業。所謂自由市民者，卽與公司無關係之人，其營業須得公司照准。立雅片協會（Amfioen Soieteit)專營鴉片事業，開破壞東印度公司獨占商業之先例。又獎勵農業，其本人於茂物開闢農田，以提倡移殖荷、印農夫至渤良安、加拉灣等田墾殖。彼之政策不爲不佳，惜乎對東印度公司之前途，非對症發藥，愈以招種種之困難，而無補於公司之大局。

馬達蘭姆之分裂　一七四七年，馬達蘭姆又發生內爭。王族曼古巫摩（Mangkoe Boemi）與馬達蘭姆王巴古巫呵那第三(Pakoe Boewono III)爭位，佔據爪哇北海岸，勢甚猖獗。而萬丹亦發生暴動，東印度公司之地位甚覺危險。幸曼古巫摩內部又發生破裂，乃由東印度公司之調停，於一七五五年，兩方媾和，分馬達蘭姆為二國。曼古巫摩都日惹稱蘇丹，巴古巫呵那第三都梭羅，稱蘇蘭(Soenan)自是馬達蘭姆國力更衰，而公司之權力愈大。

萬丹之亂　時萬丹王國王妃花底馬(Patoe Fatima)攝政，放逐王子班芝蘭古士底(Pangeran Goesti)於錫蘭島，廢國王於安汶，臣民大為不服，反對王妃之運動突起。王妃昭以英人為彝山，東印度公司乃援助其臣民，捕王妃而迎回王子於錫蘭。一七五二年，兩方定約，萬丹為東印度之屬地，蘇門答臘之南榜地方，全部割讓於公司。嗣後萬丹雖有小變亂，然皆為荷蘭所戡定。

公司之解散　馬達蘭姆及萬丹雖鎮定，而東印度公司衰退之象日顯。迄十八世紀之末葉，荷蘭內憂外患，相過而來。初有英、荷之戰爭，繼以國內之革命，東印度公司之前途，遂不得不趨於消亡之域。初有識者，以為以一公司而管理偌大之殖民地，終非良策，有主張收歸國有者。荷王威廉第五竭力籌備此事，設立委員會，遣員至東印度辦理，惜議未成而革命爆發。東印度之荷人，乃組織巴達維亞共和國，承認委員會議案，而接受其事業。東印度公司遂於一七九九年宣告解散。

巴達維亞共和國　巴達維亞共和國，於一八〇四年，設立亞細亞參事會，處理一切殖民事務。

其組織行政，一如東印度公司之舊，東印度公司之職員，仍充政府之官吏。

丹德爾氏之政策　十九世紀之拿破崙，爲全歐霸主，一八〇六年，巴達維亞共和國倒，荷蘭王國誕生。拿翁之弟爲荷蘭王。由拿破崙之推薦，派丹德爾(Herman Willem Daendels)爲東印度之總督。丹氏爲有名政治家，當時正爪哇情勢危殆，英之海軍，隨處恐嚇荷人，而數年前革命軍侵入荷蘭，荷之屬地被奪於英人者不少，土人因起輕荷之心，而財力既絀，商務又受英阻，土人蠢蠢欲動。故丹氏之政策，欲立圖改革，以鞏固殖民地方防務及整理財政，謀足自給，惜以僅僅三年間之短日月，其主張未克盡施，爲可惜耳。丹氏政策之成功者，爲爪哇縱貫鐵路之建築，自爪哇西隅之安耶兒(Anjer)至東南島之外南夢長一粁，縮四十日之行程爲六日半，既便調兵，又便運貨。又在東端築蘇芬(Fulphen)礮臺，以備土人。財政之改革，則廢強制交香料於公司之制，而擴充強制土人種國有咖啡之事業，集公地於民，而視爲私產。其對於官吏，也增加官俸，嚴禁貪墨，一洗東印度公司之私習焉。丹氏爲崇拜拿破崙之一人，其對於土人也，完全用嚴厲逼迫之手段，毫無昔日東印度公司對待土酋之巧妙。其後英人之侵入爪哇，土人皆表同情於英人，不得不謂丹氏所種之因也。丹氏治爪哇，未久，而荷併於法，被召歸國。

參考書

D. Clive——The Dutch in Java.

P. C. Campbell——Java, Past and Present.

舟木茂——蘭領東印度史

李長傅——南洋華僑史

第十三章　英西及英荷之戰爭

英軍攻馬尼剌　一七五六年，歐洲之七年戰役由歐洲擴張至世界。歐洲各國殖民地，英與法對壘，西班牙助法，英國遂攻取西班牙之殖民地。一七六二年九月二十二日晚，英艦三艘，忽發現於馬尼剌，命馬尼剌總督舉城出降，全城洶湧，莫知其由來，因英西交戰之消息，尙遲未傳到也。英軍及印度兵共五千人，由科立司（Cornish）提督德來勃將軍（General Draper）統率登岸，據馬拶地（Malate）、飲米逖（Ermita）、散的哥（Santiaga）諸禮拜寺。時西人兵力甚薄，僅有兵士五百餘人，又事出意外，毫無準備。總督爲主教羅賀（Rojo），雖謝絕英國之要求，亦無法善其後。英軍乃開始攻城，西兵殊死拒，然終不敵。十月五日，英軍入城，總督及官吏逃往散的哥礮臺，英軍圍礮臺，迫總督出降，聲言保全其生命財產及信教通商之自由，惟索償款四百萬比沙，則爲羅賀力所不逮。英將乃下令，許軍士在三小時內抄掠人民財帛，以爲償金之代價，軍士遂任意抄掠，且逾所限時間十倍而強。

安那之抗英　當時高等裁判官安那（Simon de Anda）於馬尼剌陷落前一日出走，至武洛干（Bulacan），復聞馬尼剌陷落，乃召集流亡，獨樹一幟，自稱菲律賓總督。數羅賀賣國之罪，首先行封鎖馬尼剌之政策，禁各省米粮輸往，以困英人，命其副將布詩多（Busto）駐兵於巴石河附近，專理此事。英人大怒，懸賞五千比沙，以捕安那，命拔克號斯（Backhouse）攻布詩多，擊退之。在英艦抵菲後二三日，有帆船回自墨西哥，所載金錢凡三百萬比沙，英人思獲得之，乃命布詩多至利巴（Lipa），失望而返，蓋西人已私運至安那處矣。

革命之蠭起　菲人歷年受西班牙之虐待，革命之舉，早已醖釀，至英人佔馬尼剌而爆發。一七六二年，品牙詩蘭革命軍起，安那所撲滅。繼有乙羅羔之革命首袖詩蘭（Diego Silan），宣言欲助西人驅逐英兵，安那察其有異志，拘禁之，旋被逃脫，詩蘭遂集黨衆，宣言反抗西班牙政府，英人亦助以軍需，欲藉以抗西班牙。西班牙人乃遣刺客殺詩蘭。然革命之勢力，已蔓延於全島，如加牙因及內湖，描東岸各省，皆有革命之舉。惟烏合之衆，不相統一，終歸失敗而後已。一七六三年，戰爭終了，締結媾和條約。一七六四年，英國退還馬尼剌於西班牙之手。時羅賀巳卒，乃由安那接收。西政府遣剌道例(Javies de la Torer)爲總督，剌氏任詩蘭黨人以要位，而歸西班牙政府管轄之下。

英國馬來羣島之根據地　英國在馬來羣島之根據地本有商館在安汶及萬丹。及荷蘭東印度公司成立，經營馬來羣島之商業，嫉視英人，遂有一六二二年安汶慘殺英人之舉。而萬丹之英國商館至一六八四年亦爲荷人所驅逐，於是失去其胡椒貿易之中心。東印度公司遂改其目標於蘇門答臘，一六八五年取蘇島西岸之孟古粦(Bengkulen)此地爲英國在東印度羣島政府之中心者，凡一百三十餘年。

英國佔爪哇之始末　一七九五年，英、荷戰爭，英國佔領滿剌加。一八一一年，英國印度總督明道(Minto)經萊佛士(Stamford Raffles)之勸告，攻爪哇，佔巴達維亞，命萊佛士爲副總督，駐吧城。萊佛士治爪六年，對於爪哇政治多所改革，如強制工役制度之廢止，而代以收稅制度，及荷蘭政府商業壟斷之廢止，而許各國自由貿易，其一斑也。然不久拿破崙敗，歐洲各國會議於維也納，處置各國事務，荷蘭之屬地仍歸於荷。於是萊佛士乃交還爪哇於荷蘭政府，而任英屬西蘇島總督。一八一九年，據星加坡爲英國東方之根據地，一八二四年，英、荷兩國訂約，兩國人民，未得其政府允許，不得在東方建立新殖民地，荷蘭將印度之殖民地讓英，英將蘇門答臘之屬地讓荷，荷之滿剌加亦讓與英，更訂明荷人不得再與馬來半島任何士干訂約，英國於蘇門答臘亦然。荷佔勿里洞，英佔新嘉坡，各不反對，於是英、荷兩國在馬來西亞之地位乃確定。

參考書

李長傅譯——非律賓史

P. C. Campbell——Java, Past and Present.

舟木茂——蘭領東印度史

第十四章　英國佔領馬來半島之初期

檳榔嶼之佔領　英國在南洋之根據地孟古粦，因氣候不良，港口不佳，且非商業之中心，不得不另尋良港。一七八六年間，有一海軍退伍軍官名拉埃特（Francis Light）者，受僱於英國東印度公司，建議於馬來半島沿岸，建一殖民商業根據地。時吉打之蘇丹與暹羅交惡，且受武吉人之侵略，因與拉氏約，以檳榔嶼讓與英國東印度公司，而公司承認有助蘇丹抵抗敵人之義務，拉氏即為新殖民地之總督，然當時並未締結正式條約，而公司亦未踐約。一七九〇年，吉打蘇丹欲奪回檳榔嶼，為拉氏所敗，乃正式承認檳榔嶼為公司殖民地，公司年納蘇丹之租金六千元，是為英國馬來半島最初之殖民地。一八〇〇年，公司以海盜橫行為藉口，與吉打蘇丹立約，割取檳榔嶼對岸一帶地，即今之威爾斯省也。而檳榔嶼商業日發達，一八〇五年，列為獨立之殖民地，與麻打拉斯、孟買同等。

滿剌加之佔領　一七九五年間，英、荷戰事起，英國佔領滿剌加，於一八〇二年，安米斯（Amiens）條約，應歸還荷蘭。英國東印度公司鑑於管理之不易，亦有放棄之意，故燬有名砲臺，及移民於檳榔嶼。惟歐洲戰事又起，尙未歸還，繼而萊佛士爲東方總督，不贊成退還之舉。一八八一年，明道之征爪哇也，卽以滿剌加爲軍事根據地。維也納條約滿剌加當與爪哇同歸還荷蘭。至一八二四年，全國定約，英國讓蘇門答臘島與荷蘭，荷蘭承認滿剌加屬英。

南明戰爭　一八三一年至一八三二年，有南明（Naming）戰爭，南明係滿剌加之內地，在荷屬時代，爲荷屬地，年納貢稅，以米穀二千石爲單位，每米穀二千石抽什之一。自入英後，英國亦承認舊稅則，後英國東印度公司以滿剌加政費困難，欲增加稅則，令全數納什一。南明酋長都爾薩艾（Dul Sayid）拒之，英國派兵伐之，廢其酋長尊號，而收爲滿剌加之轄地。

萊佛士之佔新加坡　一八一六年，維也納條約，英國不但退還爪哇於荷蘭，且滿剌加亦在其內。英國馬來半島之根據地，僅有一檳榔嶼，而偏在北部，欲於南部闢一根據地。孟加拉政府命檳榔嶼總督班柔曼（Bannerman）佔領馬淡島（Bentan），但荷人已佔領寥內（Riau），英國不得逞。至一八一九年，萊佛士氏佔領新加坡，英國在馬來半島之地位，始能確定。萊氏本東印度公司之書記，一八〇五年曾升任爲檳城總督府之副祕書。好學深思，通曉巫文見重於約翰來登（John Lesden）博士介紹於孟加拉之明道侯爵（Earl Minto）後爲明道之大助。一八一一年，說明道征爪哇，被任爲爪哇之副總督。爪哇還荷後，改任孟古粦副總督。見孟古粦之地位偏僻，欲建設英國東方之勢力非另覓新地不可。一八一八年，勸孟加拉總督哈斯丁斯（Lord Hastings）於滿剌加以南覓一新地與中國通商。一八一九年，萊氏率艦四艘出發，而以新加坡島爲目的。新加坡一名單馬錫（Tumasik）譯言海國也，梵語名之新加坡拉，有獅子島之意。曾爲麻喏八歇王國之屬地，十七世紀間，爲柔佛之屬島，有柔佛蘇丹所派之「圖們公」*治理。一八一九年一月二十九日，萊氏至新加坡登陸，升旂宣布爲英國之殖民地。二月六日與柔佛蘇丹定約，許英國在其地設立商館，當時荷蘭提出抗議。一八二四年，英、荷立約，荷以滿剌加歸英，承認英國對新加坡之治理權，英國則以蘇門答臘歸荷，承認荷蘭在寥內之管理權。新加坡當萊氏佔領時，僅一荒島而已。萊氏卽爲該島總督，直至一八二三年，克勞福德（John Crawford）氏繼之。至一八二六年，將檳榔嶼、滿剌加及新加坡聯合，而歸檳榔嶼統轄，四年後由麻打拉斯改歸加爾各答，其時歸東印度公司治理，自印度合併後始改爲英國之直轄殖民地焉。

* 官名。

參考書

F. Swettenham——British Malaya.

R. O. Winstedt——Malaya.

A. Wright and T. H. Reid——The Malay Peninsula.

第十五章　菲律賓經濟之發展及革命之動機

巴斯科之經濟政策　一七七八年，西班牙以巴斯科(Joes Basco Vargas)爲菲律賓總督，其爲人勇敢而有才幹，思經營菲島，使其財政鞏固足以自給，蓋以前菲律賓入不敷出，皆恃墨西哥補助也。巴氏提倡農工商業，自中國輸入蠶桑之法，廣植棉茶香料等，又設一會曰友誼經濟會(The Economic Society of the Country)獎勵人民，栽植各種作物及製造馬尼剌蔴，自美國輸入農具，此會存立者百餘年，與菲律賓之經濟發達助力甚鉅。巴氏又行烟草之專賣，令土人每年必須種烟草若干，否則沒收其田地。所產之烟草，由政府購買而再售於用戶。其結果，政府得大宗之收入，令菲律賓得廣大之煙田。惟以賤價購入，而重價售出，加以西班牙之官吏貪墨性成，爲害菲人亦非淺。一七八五年，又設立皇家公司，西班牙王首先認股，全資本八百萬比沙，有自西班牙至菲律賓間商業之專利，惟墨、菲間商業不在其內。其意在運菲島及遠東之貨物至西，運西班牙及歐洲之貨物至菲，可以振興菲島之農工業，惟結果不佳，因有菲、墨間之帆船商業與之對抗也。除煙草外，尙有酒及其他各種專利，雖增加政府收入，人民反日趨窮困，土人不滿，反對之聲大起，有起而反抗者，政府以兵力壓服之。

西班牙國會與菲代表　十九世紀之初，西班牙政府，許菲律賓遣代表至西班牙國會(Cortes)，第一任之菲律賓代表名來意士(Ventura de los Reyes)，爲一菲島富人，年近七十。一八一〇年，於國會提出廢止菲、墨間之專利商業案，當時因依此爲生者甚多，故反對甚烈，終於一八一三年由西班牙王令廢止。一八一二年，西國憲法曾載有人民平等字樣，菲人大喜，以爲菲人亦可與西班牙人享同等之自由。不意一八一四年又取消此議，菲大失望。一八二〇年，西班牙設立新國會，菲代表亦出席。初菲律賓隸於墨西哥，一八二一年墨西哥獨立，菲律賓乃直隸西班牙。一八三七年，西班牙國會乃禁止菲代表出席，一八六九年曾有提議，變更一八三七年之決議，不幸無效。此時期中爲菲島革命之動機。

革命之發動　一八六九年至一八七一年，都例(Carlos de la Torre)爲菲督，提倡民權，灌漑菲人之自由思想不少，然財政困難，庶政廢弛，爲西班牙所不滿，招之回國，而以藝示機多(Iyquier-do），代之時適西班牙政變，革命軍失敗。一反藝氏之所爲，以專壓迫菲人爲政策，於是釀成甲米地菲律賓兵士之叛亂，主動者菲律賓僧侶布約 (Jose Buryos) 氏等被處死刑，嗣後諸總督對於菲律賓之反動，概以武力解決之，醞釀再三，菲律賓革命軍大起，而西班牙勢力因之失墜焉。

參考書

李長傅譯——菲律賓史
C. Benitez——History of the Philippines.

第十六章　十九世紀之爪哇

卡伯倫之經濟政策　萊佛士之治爪哇也，時間雖短，而成績甚佳，其治爪哇，純採取自由主義。一八一九年，荷政府遣范地卡伯倫(Van der Capellen)爲總督，彼採取保守主義，一反前法，使生產減少，私人企業因之未能發達。

荷蘭商業公司之設立　一八二四年，因荷王威廉第一之提倡，設立印度商業公司，此公司與東印度公司性質不同，不干涉殖民地政事一也。提倡友邦與東印度貿易二也。昔日之東印度公司乃避其國人之競爭而設，今此公司之成立，乃鼓勵其國人之企業三也。此公司對於本世紀東印度公司實業之發展，多所助力，自施行種植法後，糖業大發達，公司享運輸售賣政府農產專權，獲利亦極厚。此公司至今猶存，卽華僑所稱之小公銀行也。

爪哇亂事　一八二五年，忽發生亂事，戰禍亘五年之久，卽所謂「爪哇戰爭」是也。自巴達維亞政府對土人政策，皆出以高壓或愚弄之手段，獲得實利，日惹及梭羅二國領土日削，名存實亡。土人不甘壓迫，作全體之國民大革命，以恢復其原有之國土，自在意料之中。此次亂事之近因：一、為荷蘭東印度政府干涉土人貴族租地事，二、為各土王舊有徵收通行稅之權，英人執政取消之，而酬以相當之值，荷人復政，又使華人包辦此稅，深致土人不滿。時值王叔狄波那克羅（Diponagoro）起而革命，全島風靡從之，狄氏以宗教相號召，土人呼之曰救世祖。東印度政府遣科克將軍（General de Kock）征之，戰事亘五載，至一八三〇年，始捕狄氏，而流至西里伯島，死於望加錫。此役也共費軍費二千五百萬盾，死於戰役一萬五千人，土人喪亡更多，有數處城市為墟。自是以後，東印度政府，政權更加鞏固，限制各土王之權，而擴充直接治理地。

強制種植令　爪哇戰事，耗費既多，而荷蘭本國又有比利時分立之事，需款甚急，不得不就殖民地設方法。一八三〇年，范特波（Van den Bosch）任總督，創行一種新種植法，即利用土人強制與歐人資本及才智而立法，即土人之地，須以五分之一種政府所指定歐洲市場所需之物，如砂糖、咖啡、茶、藍靛等，或每年以五分之一之時間，服役於政府之農田，并利用歐人才智，由國家貸款與其民，以促進其業。此制度成當時政論之焦點，贊成者有之，反對亦有之。此制實行後，東印度政府年年得巨額之餘剩金，以救本國之窮困。一八三三年三百萬盾以上，一八三四年一千萬盾，一八三六年一千八百萬盾，據統計家之說，由此制度之收入，總計達八億三千二百萬盾。其施行之目的，可謂達到，而爪哇土地日闢，人口增多，亦與荷屬東印度之大利。然其反面，政府強土人種植之地，實超過定額五分之一以上。土人所交之農產物，定價甚低，藍靛等須製造者，土法劣，出藍不多，土人工食不相敵，不適於種咖啡之地，則收穫不良，土人交政府之產物，自不足規定之數，而政府則減少報酬，或竟無之。此種制度之實行，令土人怨聲載道。其無亂事發生者，一因土人酋長有利可圖，二因土人鑒於爪哇戰事之災禍，生民塗炭，隱忍未發，亦云幸矣。又此制施行之影響，因需急款，則收穫遲者不種，而惟茶、糖、藍靛之是務，茶利微，又多種藍靛，藍靛易竭地力，常須另覓新地，因之影響及於稻田。人口日增，而穀米不足，發生饑饉。一八四八年至一八五〇年，丹墨、井里汶發生大饑荒，死亡之率，共達五十五萬餘人。東印度政府始覺此制之不善，乃逐漸改良，而施以限制。

參考書

D. Clive——The Dutch in Java

P. C. Campbell——Java, Past and Present.

舟木茂——蘭領東印度史

田中萃一郎——東邦近世史

第十七章　英國之佔領婆羅洲

文萊王國　北婆羅在十三世紀時，隸屬中國，迨滿剌加王國更盛，乃轉隸滿剌加。一五二一年，麥哲倫之艦隊，初來半島時，文萊國勢甚盛，其領土擴張至東婆羅洲，含有菲律賓之一部。酋長名曰白爾克拉(Bulkeiak)勇武好戰，曾遠征爪哇、摩鹿加、呂宋及婆羅洲沿岸，其名至今猶存。本世紀之末，國勢漸衰，至一八一四年，割南部之沙勞越地方與英人勃律氏，國土縮小。一八八八年，歸英國保護。一九〇九年，英政府派駐防官於其地，管理一切政權。

勃律氏與沙勞越　雅各勃律(James Brooke)本為英國東印度公司職員，勇敢有大志，得其父遺產，欲於南洋小島有所建樹。一八四〇年，率一百四十噸之小軍艦羅雅列斯特(Royalist)號，船員二十八，向婆羅洲進發，時沙勞越之土人勞仔反抗文萊蘇丹，蘇丹命其叔父拉加摩打哈新(Raja Muda Hassim)征之，不克。適勃氏至其地，乃代平亂。一八四一年，勃律氏受哈新之推薦，為沙勞越之拉加轄文萊之南境。一八四三年，勃氏與英國海軍會師，剿平北婆羅洲之海盜。一八五七年，有中國礦工之亂，據首府古晉，勃律氏遁走，然不久即恢復。一八六四年，英國承認沙勞越為獨立國。一八八八年，故為英國之保護國。今王查理威柔勃律(Charles Vyner Brooke)即雅各勃律之姪孫也。*

*沙勞越王系如下：

1842-1864 Raja James Brooke

1868-1917 Ra,a Charles Brooke

1917- Raja Vyner Brooke

北婆羅公司之設立　一七七三年，英國東印度公司於馬路都灣(Marudu Bay)北之巴蘭般干(Balam Bangan)島設立商館，後為土人所襲擊，英人乃遷往文萊。於是北婆羅之地為海盜盤據者四十年。一八四三年，英國喀勃爾上校(Captain Keppel)與沙勞越拉加勃律氏會師攻馬路都灣大毀海盜之巢穴。一八四八年，文萊割納閩島與英。一八七二年，英國設立納閩商業公司於北婆羅之山打根。一八七五年，英國人丹特(Alfred Daut)設立私人團體與文萊蘇丹定約得北婆羅之治理權，每年納稅一千五百元與文萊政府，後減爲半額。一八八八年，丹特自北婆羅回國，正式設立英國北婆羅公司，得英國政府之承認，得北婆羅之治理權，北婆羅之總督，由董事會委任。

參考書

O. Rutter——British North Borneo.

Baring Gould and C. A. Bampfylde——History of Sarawak.

第十八章　英國之佔領馬來半島

霹靂之保護　當荷蘭勢力在馬來半島未墮落之前，英國勢力已侵入半島，如檳榔嶼及威士利省皆得自吉打者。一八〇一年與南明訂約，一八一八年，檳榔嶼總督，與吉打蘇丹定約英人有在吉打自由通商之權，一八二五年，英國派一裁判官駐於吉打及雪蘭莪境上。翌年英暹波奈（Burney）條約，暹羅承認霹靂及雪蘭莪爲獨立國，惟霹靂有入貢暹羅之義務，英國承認助霹靂防禦敵人。同年檳榔嶼總督遣兵至霹靂，驅逐冷加（Lungor）蘇丹，退至霹靂河上流。十月英國藉口防海盜，割霹靂之天定及彭康島二地，而中止暹羅之貢禮，與蘭保（Remban）立邊界通商條約。一八五五年，英國承認柔佛之圖們公有管理全境之權，蘇丹退居於麻坡，尋卒國政遂歸圖們公。一八七〇年間，在霹靂之中國採錫工人，時與馬來人發生糾葛，而中國人又分二祕密結社，互鬬不已。沿海海盜橫行，英國乃乘機干涉之。一八七四年，英人與霹靂酋長及中國僑長會於邦各（Bangor）結立條約。英國派駐防官於霹靂，霹靂蘇丹除關於馬來之宗教習慣上所發生之事件外，其餘一切事宜，皆聽英國駐防官之命令，是爲霹靂爲英國保護之始。英國所派第一任霹靂駐紮官爲白區（M. Birch）任職僅一年，爲馬來人所殺。蘇丹阿白杜拉（Abdulah）被廢，馬拉伊伴列斯（Mad Idris）繼之，今霹靂蘇丹即其第三世也。

雪蘭莪之保護　自一八六七年至一八七三年間雪蘭莪內亂不已，兩酋長爭爲蘇丹，又有海盜橫行。海峽殖民地政府，遂以保護商業爲辭，一八七四年派駐紮官於其地，雪蘭莪遂歸英保護。

森美蘭之佔領　森美蘭即馬來語「九州」之意，所謂九州者，有南明、宋蓋烏戎、巴生、林茂（Remlan）、掘來（Jelai 一名因納（Inas））、熱河「Johol 一名巴柔破沙（Pasir Besar）」、西加墨特（Segamat）、掘來布（Jelebu）吐斯（Juas）九邦。南明後爲英國所併，成滿剌加之一部。巴生爲雪蘭莪所併。西加墨特及熱河，今則已無土邦之情矣。自一七七三年以來，內亂紛起，國內四大邦，除掘來外，如宋蓋烏戎、掘來布、林茂，皆分裂各自爲政。宋蓋烏戎有一酋長名曰大督克南納（Dato Klana），及大督邦打（Dato Bandar）互相爭執。一八七六年，大督克南納引英人爲己助，以鞏固其政治之地位，遂爲英人之保護國。一八八三年以來，掘來布、林沙及斯利湄南地（Sri Menanti），皆與英國立約，先後承認英國派駐紮長官於其地。一八九五年，英國駐紮官執宋蓋、烏戎，及掘來布之政權，遂併其他小部落爲一邦，另立蘇丹，即今之森美蘭也。

彭亨之保護　一八八八年，有一英籍之華僑在彭亨被殺，英人乃提出嚴重之抗議，彭亨受柔佛勸告，承認英國設駐防長官於其地。

聯邦之成立　一八九六年七月，霹靂、雪蘭莪、森美蘭、彭亨四邦，聯合爲一邦，受英保護。英國之最高長官總參政司（Chief Secretary），駐吉隆坡，是名曰馬來聯邦，華僑名之曰四州府。

非聯邦之合併　吉打、巴里士、吉蘭丹及丁加奴本爲暹羅領土，一九〇九年，英、暹條約改受英之保護，華僑呼之曰新四州府。

柔佛之保護　柔佛一八八五年與英國訂約，柔佛之外交，英國執掌之，其內政權則歸己有。一九一四年，英國強迫柔佛承認英國設立顧問管理一切政事，而柔佛遂降與馬來各邦同一地位。

參考書

F. Swettenham——British Malaya.

R. O. Winstedt——Malaya.

L. A. Mill——British Malaya.

第十九章　菲律賓之革命及菲律賓入美領

改革運動之復興　菲律賓在西班牙治下三百餘年，專以壓迫政策待菲人，故民族之反動時起。自十九世紀之末，平等自由之思想輸入菲島，一部分受歐洲教育之知識階級，遂領袖羣衆作革命之運動。自一八八〇年後，菲人藉口土地所有權問題，屢起而排斥西教士。時菲律賓西督，亦因時局變遷之關係，思改良各種問題。一八八四年，取消人丁稅。一八八六年，土地問題，參政問題，曾注意整頓。一八八七年，西班牙之刑法商法民法，略加修改，而施行於菲。然凡此種種，皆係枝葉問題，幷未有具體之解決。其時菲人盡力於改革運動者，多爲僑居西法之青年。其總機關曰西菲協會，設於西京馬德里，發行報紙，鼓吹菲島之改革。其改革之方法，在該會少數青年，固不免有極端之獨立派。但大多數之目的，祇在恢復菲人出席西議會之權利，與法律之改良，在西班牙法理之下，得有相當之權利而已。其中著名之領袖，有利撒(Jose Rizal)、馬西羅(Marcelo)、羅勃斯朱納(Gracrano Lopez-Iaena)等，而以利撒最爲菲人所崇拜。利氏幼受西班牙教育，業牙醫，其提倡革命，重在言論，以民權學說，輸入菲人腦中，菲人革命之思想，不得不歸功於利氏也。

加帝布蘭會之起事　至一八九二年，菲律賓突發現一祕密結會，名曰加帝布崙(Krtipunan)一名最尊敬之國民會，其首領曰安得爾斯巴秀（Andae's Bonifacio）爲激進派，以驅逐西班牙人，恢復菲島獨立爲職志。一八九六年，會衆定於八月二十夜舉事，不幸爲一黨人所賣，洩於西教士，教士告於政府，偵騎大集，隨獲黨人多名囚之。吏搜擒餘黨，達三百餘人，處死罪者三十七，安氏逃出馬尼剌。初加帝布蘭會議於八月三十號全島起事，組織菲律賓共和政府，不意先期爲西班牙人所發覺，不得已先動，二十六日，攻加盧干(Calaocan)，三日後攻聖雄地蒙(San Juan Del Monte)在後之一役，損失甚多，然革命軍殊不以此自餒其志也。響應四起，北省諸部皆有亂事，而以阿圭拉度(Emilio Aqunaldo)爲最著，起兵於甲米地省，與西人戰，屢戰皆捷，聲勢甚巨。西政府大驚，遣宿將波撈馬厦(Camilo G de Pelavieja)爲菲督，統西軍二萬八千人至菲，與菲軍戰，相持三閱月，黨人資械均告乏，阿氏退出甲米地，北部諸省亦多歸附，菲人革命軍勢力爲之一挫。

利撒之死難　時利撒因鼓吹革命，爲西人放逐至棉蘭荖，因古巴革命軍起，利氏以往古巴操軍醫爲名，請於菲督，已得允許，離菲出發。及革命軍起，大率用其名以爲號召，實則利氏與加帝布蘭無關也。西督乃拘之回，開庭裁判，竟判利氏以死罪，於一八九六年十二月三十日遇害。利氏之爲人，實爲菲島革命之先進，迄今菲人猶崇拜之，尊爲菲律賓之國父云。

破石洞條約　一八九九年，波氏離菲督任，繼之者爲黎迷撈(Primo de Rievra)時因古巴革命，西兵調往其地者，約二十餘萬人，軍費浩大，乃改變其政策，與革命軍媾和。七月下大赦令，八月與阿圭拉度議和於武洛干破石洞(Biacnabato)，其條件如下：

（一）放逐菲教士。

（二）菲人得派代表於西議會。

（三）菲民之待遇，當與西民人之待遇，一切平等。

（四）菲人得在政府有高級之位置。

（五）菲人有出版之自由及結會之權利。

（六）西政府償款三百萬比沙給戰中損失財產之民衆，及出境之革命黨諸領袖。

一八九七年十二月十六日，阿圭拉度宣言和平恢復，機離菲島而往香港。不意西政府不履行條約，且大捕革命黨人，而濫加刑殺。非人不服，呂宋島各省亂事又起。一八九八年四月，非人六千突攻宿務、保和及班乃省，影響羣島，又入混戰之時代。而出乎意外者，美西因古巴開釁，而美國忽入非律賓，開非律賓近代史之新紀年。

美西戰爭與菲律賓之革命　古巴爲西班牙之美洲殖民地，受西班牙之壓迫，一八九四年起而革命。美國以美古之經濟關係爲藉口，起而干涉，表同情於古巴。通牒西班牙政府，令承認古巴獨立，否則美國當助古巴與西班牙開戰。西班牙不允，一八九八年兩國遂宣戰。時美國海軍司令杜威(George Dewey)駐香港，奉命往攻菲律賓。杜氏乃率艦七艘攻馬尼剌，五月一日夜入馬尼剌灣。西西艦有十艦，戰鬬力甚弱，由文都戶(Montojo)統率，出其不意，爲美艦襲擊，兩方激戰，經四小時，西艦被毀，美國大勝，得甲米地。當美、西開戰時，阿圭拉度自香港往新加坡，與美國領事勃拉特(Shen-cer Pratt)會議，美領事以援助菲律賓革命爲答覆。阿氏乃由新加坡返香港，乘美艦於五月十六日抵菲。至甲米地，招集舊黨，不日成大軍，攻西班牙。不多時，呂宋島除馬尼剌外，皆在菲人之手。一八九八年六月，阿氏在甲米地召集國會，公舉阿氏爲菲律賓共和國第一任大總統。六月二十三日，宣布憲法。八月以獨立國名義，通知世界。七月底美國遣陸軍八千五百人來菲，八月十三日攻馬尼剌城，菲人助之，西人略作抵抗，不支請降，美乃據馬尼剌城。阿圭拉度曾請求菲兵與美軍同整隊入城，美軍拒之，計西人統治菲島者近四百年，至此遂改入美人之手。一八九八年十二月十日，西、美訂立和平條約於巴黎，西班牙承認菲律賓爲美國領土，美國償西班牙以代價美金二千萬元，阿圭拉度曾派代表於巴黎，要求菲律賓之獨立，兩國不之理也。

美菲之戰爭　當美人入菲之初，以與西班牙之交涉未決，對於菲律賓純取旁觀態度，菲人以美人爲友軍，爲菲人之救世祖，不知包藏禍心也。自巴黎和約決定後，一八九九年一月四日，美軍總司令鳥抵示（Otis）宣布美國大總統麥荊來對於菲律賓臨時政府之公文，大約表明美國並無其他之意旨，純爲協助菲人進步，使其確實得有平等之權，別令菲人須接受美國統治權。菲律賓共和政府，不承認美國爲菲島上國，於是乃將以前反抗西班牙者以對美國。當時美國軍駐馬尼剌，菲軍則駐近郊。一八九九年二月四日，有一非律賓副將入美軍界，爲美軍槍殺，兩方戰事遂起。非軍力攻馬尼刺，然無訓練乏軍械，終爲美軍所擊退。美軍乘勢北攻，克非律賓臨時政府所在地馬羅嗎(Mololo)。阿氏更出北徙，未幾交雨季，道路泥濘，兩方暫休戰。至翌年六月，始有南部川保(Zapote)橋之戰，時美軍二千人，盡力前攻，非軍祇有三千人，力拒之，終不敵。美軍鎗火甚烈，大敗而退，死者達三分之一。北部之美軍，節節進攻，非名將魯拉(Antonio)戰死，非軍勢力渙散。阿圭拉度退至乙羅羔之知撈山口(Tilapass)扼險而守。十二月八日美軍以兩營兵力進攻之，非將比撈(Gregorio Del Pilar)殫力防禦，卒以衆寡懸殊，爲美軍所攻破，比撈死之，非軍幸免者僅八人而已。此役以後，革命軍不能統一勢力，乃各自爲戰，次第爲美軍所平，革命領袖或治罪，或放逐。馬比尼(Apolinaris Mabini)爲阿圭拉度最得力之顧問，被逐往關島之監獄。阿圭拉度四竄，一九〇〇年後，逃至北呂宋之小城巴拨力(Palanan)，與革命黨通聲氣，謀再舉。一九〇一年三月二十三日，以事機不密，爲美人所擒，送往馬尼刺。自阿氏被擒，各部革命黨人漸渙散，間有小戰爭，美軍先後擊平之。於是確有非律賓羣島。

參考書

李長傅譯——菲律賓史

C. Benitez——History of the Philippines.

M. T. Kalaw——The Philippine Revolution.

第二十章　荷屬東印度之完成

奴隸制度之廢止　一八五九年，荷王下廢除奴隸制令，一八六五年，荷蘭殖民部決意廢除此制。逐漸取消強制服役之國有農產事業。一八七〇年，荷蘭政府更下廢止強制種植之法令，其制遂廢，此後私人企業大發達。蓋一方私人事業已有根基，一方土人已習於其業，故事易舉也。

外島之征服　荷蘭歷年之殖民政策，向以爪哇爲中心，而他島則不注意。自一八四〇年以來，英國勢力侵入婆羅洲，始促荷人對於外島經營之覺悟，次第征服西婆羅洲，華僑所建之坤甸國，及東南婆羅洲之馬辰，西里伯島之爪哇，與蘇門答臘島之巴鄰旁及亞齊。而亞齊最爲強悍，用兵最多。亞齊本爲蘇島一強悍之國家，曾與葡萄牙人對抗。自英國佔領孟古粦後，亞齊與英人相結納，爲荷蘭之大患。一八七一年，英、荷條約，英國放棄蘇島之權利，荷人乃對亞齊用高壓手段。一八七三年，遣高拉（Kohler）攻亞齊，大敗，全軍覆沒，荷人大震。一八七四年，又遣南施威登（Nan Swieten）爲討亞齊軍總司令，會集海陸軍合攻亞齊宮城，亞齊軍不支，蘇丹波林（Panglima Polin）率衆退往內地。嗣後仍繼續戰爭，直至一九〇四年，亂事始平，亞齊蘇丹確實承認荷蘭之主權。截至最近，蘇門答臘、婆羅洲、紐幾尼亞等島之內地，荷蘭治權尚未完全達到也。

參考書

D. Clive——The Dutch in Java.
舟木茂——蘭領東印度史
勝間順藏——南洋の富源と實際

第二十一章　菲律賓之獨立運動

美國治菲之政策　菲律賓當美領之初，菲律賓共和國尚存在，至一九〇九年革命軍肅淸，派塔富脫（William Taft）爲第一任總督，美國之佔菲也宣言扶助菲律賓將來獨立爲職志故於菲律賓之教育深加注意，竭力謀普及，及定英語爲國語，予菲人以自治之權。一九〇七年，設立菲律賓國會。惟美人對菲之政策，當視美國政治之傾向爲轉移。美國有二大政黨，一共和黨，一民主黨，在一九一二年以前，共和黨執政，其政策主保護菲律賓，略予菲人以立法、行政、司法之權而已。自一九一二年民主黨人威爾遜當選總統，則以保護政策終非妥善，欲使菲律賓人得以獨立。一九一五年，上議院提出菲島四年後獨立案，未得通過，明年有瓊斯者（Jhones）提出無期獨立案，遂得通過於國會，即所謂瓊斯法案是也。九月大總統威爾遜簽字於白宮，許菲人以自治，承認菲人有能力組織政府時，美國即許其獨立。

獨立之運動　美國總統哈定執政，以考察菲律賓有獨立之可能與否，派渥德爲菲督。渥氏爲武人，不贊成菲島之獨立，極爲菲人所不滿，一九二七年，渥氏被召回美，菲律賓獨立運動領袖奎松(Quezon)及奧示民迎(Osmenas)至美運動菲律賓獨立事，無結果而歸。一九三四年奎松再度美，由美總統羅斯福與菲代表簽定十年後承認菲島完全獨立之約焉。一九三五年奎松當選爲菲律賓自治政府第一任大總統。

參考書

B. C. Elliol——The Philippines.

M. M. Kalaw——Self-Government in the Philippines.

小呂宋中西學校——三十周年紀念册

東方雜誌

第二十二章　結論

史期之區分　試綜觀馬來西亞史之概要，其開化比後印度爲遲，故史期之區分，亦略有不同。第十三世紀以前爲閉關時代，國際交涉亦限於中國、印度、阿剌伯等邦。自十五世紀以迄現在爲歐洲資本主義時代，歐洲各國挾其販賣商品，採取香料，投放資本之三大目標，使馬來西亞殖民地化。茲就管見，分爲下列三期。

中印關係時代　馬來西亞歷史上之主人爲馬來人，並無甚文化可言。紀元一世紀，始傳入印度文化。其初傳入者爲婆羅門教，繼傳入者爲佛教，至八、九世紀而大盛。佛教之國家以室利佛逝爲最大，發祥地爲蘇門答剌島，至七世紀爲最盛時期，其勢力及馬來西亞全部。嗣後婆羅門教國家麻喏八歇，起於爪哇，立國於十三世紀，而至十四世紀時，國勢鼎盛，有代替室利佛逝之形勢。自第十三世紀時，回教初輸入，由蘇門答臘而散播於全部。回教國家，以馬來半島之滿剌加爲最著，其全盛時代，疆域之大不亞麻喏八歇。而爪哇島則有馬達蘭姆及萬丹二國焉。

歐人東來時代　歐人東來之動機，由於尋覓香料。最初至馬來西亞者爲葡萄牙人，一五一一年，據滿剌加繼據香料羣島。繼葡人而東來者爲西班牙，一五二一年，麥哲倫環遊地球經菲律賓羣島，一五六五年，西班牙乃遣遠征軍據有羣島。西、葡二國，爲香料島時起衝突。繼據西葡而東來者爲荷蘭，一五九六年航抵爪哇，一六〇二年組織荷東印度公司，專經營馬來諸島。英人亦與荷蘭同時東來，在東印度羣島設立商館，與荷蘭亦時起爭執。一五八〇年，葡萄牙本國見併於西班牙，而其南洋領土，亦改歸荷蘭。於是南洋羣島成西、荷、英三國鼎立之勢。

歐人治理時代　自十八世紀以來，西、荷、英在南洋之勢力，成鼎立之勢。西班牙以馬尼剌爲中心，雖有荷、英勢力之侵入，然無關於菲律賓之大局也。荷蘭以巴城爲政治中心，英國以蘇門答臘之孟古粦爲中心。兩國之競爭甚烈，一七九五年，英、荷戰爭，英國取滿剌加於荷蘭之手。一八一一年征爪哇，佔領之，於一八一六年歸還。一八一九年，英國佔領新加坡，乃移其馬來羣島政治中心於其地。一八二四年，西荷立約，英國以蘇門答臘之殖民地讓荷，荷蘭以馬來半島之殖民地讓英，遂成今日之局勢自十九世紀中葉以來，荷蘭擴充其勢力，自爪哇以迄外部諸島。英國逐漸收取馬來半島諸邦爲保護國，且擴充其勢力於北婆羅洲。十九世紀之末，菲律賓革命興起，其結果因美、西之條約，菲律賓由西班牙而轉入美國之手。

大事年表

紀元前二一八年	秦始皇征服安南
紀元前一一〇年	漢武帝合併安南
紀元前一世紀	印度勃拉發王朝殖民於眞臘占婆古邏（馬來半島）室利佛逝（蘇門答剌）闍婆（爪哇）等地
紀元後四三五年	眞臘王國之建設
九世紀	眞臘王國鼎盛時代
九六八年	安南脫離中國獨立
一〇一〇年	兒郎牙統一中爪哇東爪哇
一〇四四年	阿奴拉他王建設蒲甘王國（北緬甸）

十一世紀	室利佛逝王國鼎盛時代
一一三七年	室利佛逝王國之滅亡
一二三八年	暹羅速古台王朝之建設
一二七七年	蒙古征服緬甸
一二八四年	蒙古征服占城
一二八六年	蒙古征服安南
一二九二年	蒙古征爪哇
一二九四年	爪哇麻喏八歇王國之建設
一三〇〇年	眞臘王國衰微
一三五〇年	暹羅阿踰陀王朝之建設
一三八〇年	滿剌加王國之建設
一三八九年	麻喏八歇王國之衰微

一四〇〇年	回教傳入滿剌加
一四〇五年——三四年	鄭和巡歷南洋羣島
一四〇七年	安南被中國合併
一四二八年	安南再離中國獨立
一四七八年	麻喏八歇王國之滅亡
一五一一年	葡萄牙遣阿爾伯奎克佔領滿剌加
一五二一年	西班牙遣麥哲倫西航抵菲律賓
一五二九年	葡西訂立陀德西拉條約
一五五一年	莽應裏統一緬甸滅暹羅
一五六五年	西班牙遣利比撒佔領菲律賓
一五六九年	暹羅任用客卿君士坦丁普爾公與歐西交通
一五九五年	荷蘭初抵爪哇

一六〇二年	荷蘭東印度公司成立
一六二三年	安汶事件
一六四一年	荷蘭佔領滿剌加
一七五九年	緬甸甕籍牙王驅逐英人
一七六二年	英人佔領馬尼剌
一七六七年	緬甸王莽紀覺滅暹羅
一七六七年	鄭昭恢復暹羅建設盤谷王朝
一七九九年	荷蘭東印度公司解散
一八一一年	英國佔領爪哇任萊佛士爲總督
一八一九年	萊佛士建設新加坡
一八二四——二五年	第一次英緬戰爭
一八三〇年	荷屬東印度施行強迫栽培制度

一八四一年　英人雅各勃律平沙勞越國

一八五二年　第二次英緬戰爭

一八六二年　法蘭西佔領安南之南圻

一八七三——一九〇五年　荷蘭與亞齊之戰爭

一八八二年　英國北婆羅公司成立

一八八四年　安南爲法國之保護國

一八八五年　第三次英緬戰爭英國滅緬甸

一八九三年　法國吞併暹羅之老撾

一八九五年　英屬馬來保護國聯邦成立

一八九六年　菲律賓反西革命軍起事

一八九八年　美國海軍佔領馬尼剌菲律賓歸美屬

一八九九年　菲律賓反美革命軍起事

一九〇七年　暹羅割東邊境與法

一九〇九年　暹羅割馬來半島與英

一九二三年　英國興築新加坡軍港

一九二七年　菲律賓代表赴美要求獨立

一九三二年　暹羅革命頒行君主立憲政體

一九三五年　菲律賓共和國自治政府成立

南洋史書目

東華錄	清蔣良騏著	
東華續錄	清王先謙著	
聖武記	清魏源著	
瀛環志略	清徐繼畬著	
海國圖志	清魏源著	
東南洋海島圖經	清薛福成著	
海外殖民偉人傳	清胡炳熊著	
近時中國外交史	劉彥著	民國十六年
新著東洋史	王桐齡著	民國十一年
南洋華僑史	李長傅著	民國十八年
南洋華僑通史	温雄飛著	民國十九年
荷屬南洋羣島史略	許克誠著	民國十七年

越乘　余羣玉著　民國十七年

菲律賓史略　顏文初著　民國六年

暹羅古代史　暹羅共丕耶達嗎響拉查奴帕著
王又申譯　民國二十年

東邦近世史　日本田中萃一郎著　明治三十三年三十五年

東洋近代史十講　日本高桑駒吉著　大正十一年

清朝全史　日本稻葉君山著　大正元年
有但燾漢譯本

蒲壽庚之事蹟　日本桑原隲藏著　大正十二年
有馮攸漢譯本唐宋元時代東西
通商史

東西交涉史之研究（南海篇）　日本籐田豐八著　昭和七年

中國外國關係研究　日本矢野仁一著　昭和三年

近世中國外交史　日本矢野仁一著　昭和五年

暹羅　日本山口武著　大正十年
有陳清泉漢譯本

蘭領東印度史　日本舟木茂著　大正十年
有沈鐵厓漢譯本

蘭領東印度　日本中山成太郎著　大正四年

南洋之富源與實際　勝間順藏著　大正四年

大越史記全書　安南吳士連著

Steiger, Beyer and Benitez: A History of the Orient, 1926.

Larned, J. N: The New Larned History, 1922.

Yule, H: The Book of Ser Marco Polo, 1903.

張星烺漢譯本馬哥孛羅遊記
Fernandez, L. H: A Brief History of the Philippines, 1919.
有李長傳漢譯本菲律賓史
Worcester, Dean C. The Philippines, Past and Present, 1921
Benitez, C: History of the Philippines, 1926.
Foreman, J: The Philippine Islands, 1906.
Kalaw, T. M: The Philippine Revolution, 1925.
Clliford, H: Farther India, 1904.
Scott, James G: France and Tongking, 1885.
Campbell, J. G. O: Siam in the Twentieth Century, 1902.
Graham, W: A. Siam, 1924.
Wood, W. A. R: A History of Siam, 1926.

Scott, J. G. Burma, 1924.

Stuart, J: Burma through the Centuries, 1909.

Harvey, G. E: History of Burma, 1925.

Swettenham, F: British Malaya, 1907.

Winstedt, R O: Malaya, 1923.

Wright, A. and Reid, T. H: The Malay Peninsula, 1912.

Wilkinson, R. J: A History of the Peninsular Malayas, 1920.

Marsden, W: History of Sumatra, 1811.

Raffles, T. S: The History of Java, 1817.

Day, Clive: The Dutch in Java, 1904.

Scidnore E, R: Java, The Garden of the East, 1912.

Campbell, P. C: Java, Past and Present, 1915.

Torchiana II. A Van C: Tropical Holland, 1921.

Fruin-Mees, W: Geschiedenis van Java, 1922.

有松岡靜雄日譯本爪哇史

Rutter, O: British North Borneo, 1926.

Baring Gould & Bampfylde C. A: A History of Sarawak, 1909.

Rockhill, W. W: Notes on the Relations and Trade of China with the Eastern Archipelago and the Indian Ocean during the XVth Century, 1915.

Crawfurd J: History of the Indian Archipelago, 1820.

Groeneveldts: Notes on the Malay Archipelago from Chinese Sources, 1817.

Ferrand, de Kouen: Lonen et les anciens Navigations interoceaniques dans les mers du Sud, 1919

馮承鈞漢譯本崑崙及南海古代航行考

Maspero G: Le Royaume de Champa, 1913.
馮承鈞漢譯本占婆史
Pelliot, P: Deux itineraires de chine en Inde a la fin du VIIIe siècle.
馮承鈞漢譯本交廣印度兩道考
Ferrand, G: L'Empire Sumatranais de Crivyaya.
馮承鈞漢譯本蘇門答臘古國考